Für

Linda Hoo

D1926886

Helmut Feldm

Mannheim, 20. Okt. 2011

Wo geht's denn hier zur Neckarspitz'?

Mannheimer Flussgeschichten

Für Renate

Der rest
in meinem glas
erinnert mich
an eine sommernacht
am Rhein
als wir uns austranken
bis zur neige

Helmut Fiedler

Wo geht's denn hier zur Neckarspitz'?

Mannheimer Flussgeschichten

Bildnachweis

Thomas Tröster, Mannheim: S. 6, 11, 18, 28, 30, 35, 46, 56, 62, 70, 72 und Titelbild
Rudi Baerwind: Auf dem Feld, 1933 (Privatbesitz; Foto: Bildbesitzer): S. 88
Rudi Baerwind: Riedbahnbrücken, 1953 (Privatbesitz R. Brecht, Mannheim; Foto: Christine Theuer): S. 90
Alle übrigen Fotos stammen vom Autor.

1. Auflage 2011
Alle Rechte vorbehalten, auch die des auszugsweisen Nachdrucks
und der fotomechanischen Wiedergabe.
Satz und Layout: Christiane Zay, Bielefeld
Druck: Hoehl-Druck Medien+Service GmbH, Bad Hersfeld
Buchbinderische Verarbeitung: Buchbinderei Büge, Celle
© Wartberg Verlag GmbH & Co. KG
34281 Gudensberg-Gleichen, Im Wiesental 1
Telefon: 0 56 03 - 9 30 50
www.wartberg-verlag.de

ISBN 978-3-8313-2407-1

Inhalt

Wo geht's denn hier zur Neckarspitz'?

Die Neckarspitze, also jener Ort, wo der Neckar in den Rhein mündet, ist so gut wie jedem Mannheimer bekannt, aber dort, und da bin ich mir jetzt sicher, ist kaum einer auch nur einmal in seinem Leben gewesen. Von der anderen Neckarseite, am Ufer der Friesenheimer Insel, kann man sie sehen, und wenn man Glück hat, schwenkt gerade ein Schiff vom Rhein in den Neckar ein. Die Neckarspitze liegt dann zum Greifen nah. Aber wie hinkommen? „Na ganz einfach“, werden Sie sagen, „vom Jungbusch her, über die Teufels- oder Spatzenbrücke, und am Mühlauhafen entlang, immer nach Norden, und wo's nimmer weiter geht, da ist sie, die Neckarspitz'.“

So schlau bin ich auch, und eines Nachmittags mache ich mich auf den Weg zur Neckarspitz'. Ich fahre über die Spatzenbrücke, stoße auf die Werfthallenstraße, immer am Mühlauhafen entlang, Schwerlastverkehr vor mir und hinter mir, biege rechts ab, stoße auf die Güterhallenstraße und halte mich nach links. Da, eine schmale Querstraße. Ich will weiter, aber das Straßenschild fällt mich an: Neckarspitze. Hier wohnen Leute in einem lang gestreckten, dreigeschossigen Block, und dahinter gibt's noch mehr. Und die Mitbürger werden hier auch weiter wohnen, umgeben von Lagerhäusern, Hafenkais und Containerterminals. Eine Handwerkerkolonne ist gerade dabei, die Fassade mit dicken Dämmstoffplatten zu verkleiden.

Aber die Neckarspitze, wo ich einmal in meinem Leben stehen will, ist hier nicht. Fehlanzeige.

An der Neckarvorlandstraße biege ich links ab, erreiche die Werfthallenstraße, wähne mich fast am Ziel und halte an. Rechts muss irgendwo das Neckarufer sein, aber einen Zugang gibt es nicht. Alles Firmengelände. Geradeaus erheben sich mächtige, graue Behälter, und eine gewaltige Tafel zeigt mir, dass sich hier ein Kraftstofflager befindet – nur von Berechtigten zu betreten und dann auch nur mit Sicherheitshelm. Anmeldung beim Pförtner ist obligatorisch.

Von zwei Männern in Monteuranzug und grün behelmt werde ich misstrauisch beäugt. Ich lasse das Seitenfenster herunter und rufe: „Wo geht's denn hier zur Neckarspitz'?"

Eine blödere Frage hätte ich wohl nicht stellen können, denn die beiden schauen mich entgeistert an und sagen erst mal gar nichts. Dann schüttelt der eine den Kopf. „Überhaupt nicht, alles Firmengelände, da steht's doch!" Und der andere deutet auf das Schild. „Der will zur Neckarspitz'. Sachen gibt's, die gibt's gar nicht."

Wenn ihr meint, das war's jetzt, habt ihr euch getäuscht. So schnell geb ich nicht auf. Linker Hand ist die Zufahrt zur Wasserschutzpolizei, da gibt's auch Parkplätze. Ich stelle mein Auto ab, steige aus und schaue mich um. Man muss versuchen, hier irgendwie ans Rheinufer zu kommen, aber wo? Ich schlendere durch den Hof. Von hier führt ein Steg zum Ende des Mühlauhafens hinunter. Dort, auf der Wasserfläche, liegen zwei mit Wellblech verkleidete, zum Rhein hin offene Bootshallen, in denen die Schiffe der Wasserschutzpolizei auf ihren Einsatz warten. Drüben ist die Landzunge zwischen Rhein und Hafenbecken zu sehen.

Ich sondiere weiter das Terrain. Rechts von der Einsatzzentrale geht ein schmaler Weg Richtung Rhein. Ein verrostetes, doch noch gut lesbares Schild zeigt mir an, was Sache ist: „Zugang nur für Schiffspersonal gestattet!" Ein Geräusch am Eingang zur Zentrale reißt mich aus meinen Gedanken. Ein uniformierter Wasserschutzpolizist steht auf dem Podest und steckt sich eine Zigarette an. Den könnt ich fragen, geht es mir durch den Kopf, tu's aber nicht, denn was soll er mir antworten? Steht ja auf dem Schild, und dass ich auf einem Schiff am Kai meinen Opa oder sonst wen besuchen will, wird er mir nicht glauben. Ich verlasse den Hof, denke: jetzt oder nie, und mache mich auf den Weg.

Das Rheinufer ist eine mit Steinquadern befestigte Böschung. Ein Saumpfad führt am überdimensionierten Drahtzaun des Tanklagers entlang. Ein Poller am andern. Unten hat ein Bunkerschiff mit Stahltrossen dauerhaft festgemacht, ein kleineres mit der Aufschrift „Bunkerschiff Pfalz“ liegt backbord und macht Anstalten, abzufahren. Immer wieder steige ich über Rohre, die von schwimmenden Steigern zu den Kraftstoffkesseln führen. Auf dem Gelände gehen Männer ihrer Arbeit nach. Eine Rangierlok bewegt einen Kesselwagen rückwärts. Ein signalfarben Gekleideter hängt am Trittbrett und schwenkt einen Arm.

Ich muss weiter, will ja zur Neckarspitz'. Vom gegenüberliegenden Rheinufer her poltert und kracht es. Am Kai der Anilin werden Schiffe entladen. Auf dem Strom herrscht reger Verkehr. Die meist befahrene Wasserstraße Europas. Hab ich irgendwo mal gelesen.

Nach dem letzten Tank wird's geradezu idyllisch. Am Zugang zum letzten Steiger steht eine grün gestrichene Biergartengarnitur, und da hocken drei Schiffer und schlagen in allerbester Laune Bierflaschen aneinander und lassen den Gerstensaft die Kehle hinunter. Freundliche Kerle sind es, denn sie sagen zu mir Guten Tag und lachen. Kein Wohin des Wegs oder so was. Fehlt noch, dass sie mich zu ihrer fröhlichen Runde bitten.

Mein Ziel kann nun nicht mehr weit sein. Das Gelände hinter dem Zaun wird immer schmaler. Es gibt Tore zu einzelnen Parzellen. Da stehen Bürocontainer auf Fässern neben allerlei Gerümpel. Neben einem halb verfallenen Häuschen ist ein richtiger Garten mit Johannisbeersträuchern, ein paar Obstbäumen und Beeten. Dort hinten sprießt Rhabarber.

Im letzten Gebäude, kaum vier mal vier Meter groß, sitzt ein Mann am Tisch, allem Anschein nach mit der Lösung eines Problems beschäftigt.

Und jetzt liegt sie vor mir, genauer gesagt unter mir, die Neckarspitze. Ich gehe den mit Sandsteinen gepflasterten, mit Grassoden durchsetzten Weg hinunter und schaue mich um. Der Rhein ist gut dreimal so breit wie der Neckar, der hier, so kommt es mir vor, eine stärkere Strömung hat als sein großer Bruder, gerade so, als ob er nicht abwarten kann, seine Fluten in den Rhein zu ergießen.

Ein holländischer Frachter kommt in rascher Fahrt den Neckar hinunter und schwenkt stromabwärts in den Rhein. Drüben der endlos scheinende Kai der Anilin. Über dem Neckar das flache Ufer der Friesenheimer Insel. Angler sitzen dort, unbeweglich und in gehörigem Abstand zueinander.

Unter mir schwappt das Wasser. Hier treffen die beiden Flüsse aufeinander und feiern lauthals ihre Vereinigung.

Ich will gar nicht mehr fort. Als Mannheimer muss man mal an der Neckarspitze gewesen sein, denke ich, und hier bin ich jetzt.

Unbehelligt erreiche ich meinen Parkplatz und mache mich auf den Heimweg. Als ich den Verbindungskanal überquert habe und in den Parkring einbiegen will, sehe ich im Rückspiegel ein Schild und drehe den Kopf. „Hafengebiet“, steht da, „Betreten für Unbefugte verboten!“

Wie der Blumepeter das Schwimmen lernte, aber nur fast

Als die Blumepeterwitze in Mannem noch Konjunktur hatten, und das ist lange her, hat man sich vom Mannheimer Original aus der Vorkriegszeit ganze Geschichten erzählt. Die meisten spielen natürlich in den Quadraten und handeln von Peters Alltagstätigkeit, wenn er am Abend an den Tischen der Wirtschaften als Blumenverkäufer auftauchte und seinen legendär gewordenen Spruch: „Kaaf mer ebbes ab!“ aufsagte.

Drachenbootrennen beim Mannheimer Aktionstag „Lebendiger Neckar“.

Für all die vielen Humoresken gilt: Ihr Wahrheitsgehalt ist nur schwer nachzuweisen. Dies gilt auch für die folgende Geschichte, die einst manche Großeltern ihren Enkeln bei einem Spaziergang auf dem Neckardamm erzählt haben werden.

Peters Spezi war der Meesehannes, ein begeisterter Kanufahrer, was Peter unheimlich imponierte. Als ihm der Hannes eines Tages auf der Breiten Straße über den Weg lief, fragte er: „Heer mol her, Hannes, amol mit so me Bootche zu fahre, des dät mer a g'falle, kennscht mich nit amol mitnemme?"

Der Meesehannes runzelte die Stirn. „Ou Peter, des is nit so äfach wie du mähnscht, konnscht du donn schwimme?"

„Näh", musste Peter zugeben, „des leider nit, awwer ich hab schunn zugeguggt am Lindehofer Rhoibad, wie se do rumzawle, ich glaab, des könnt isch aa ball."

„Siehscht, Peter, es is immer es selwe, du kennscht die Vorschrifde nit, a paar Schwimmzieg müscht schunn mache kenne, um im Kanu mitzufahre."

Beim Anblick von Peters enttäuschter Miene bekam der Meesehannes Mitleid mit seinem Freund und versprach, ihm am nächsten Sonntag im Neckar das Schwimmen beizubringen.

Als Peter am Sonntagmorgen zur Neckarwies' kam, war der Hannes schon da und sprach ihm Mut zu.

„Hoscht doi Badhos dabei?", fragte er dann. „Nee, bischd du vergesslich, awwer des macht nix, dann schwimmscht halt in de Unnerhosse."

Er schlang seinem Schüler fünf aufgepumpte Fahrradschläuche unter die Achseln, band einen Strick dazwischen und blickte den Neckar hinunter.

„Uff was warde mer?“, wollte Peter wissen.

„Des werscht glei merge“, war die Antwort.

Da kam ein Viererkanu unter der Kettenbrücke hervor und legte am Ufer an. Jetzt ging alles blitzschnell. Peter musste ins Wasser steigen, Hannes band den Strick ans Boot und los ging die Fahrt.

„Unn stregge, unn aushole, unn stregge, unn aushole“, skandierte der Hannes. „Unn die Bää nit vergesse, unn stregge, unn aushole!“

Dem Peter ist ganz anders geworden, und er hat den Mund aufgesperrt, um Luft zu holen, stattdessen aber literweise Neckarwasser geschluckt.

„Mach doch die Gosch zu, du Hannebombel!“, schrie der Meesehannes.

Und als der Peter wie ein Stück Holz im Wasser hing und die Augen verdrehte, bekamen sie es mit der Angst und hielten an. Hannes sprang in die Fluten, band Peter los, schleppte ihn an Land und stellte den Halbtoten auf den Kopf. Peter spuckte Wasser, was das Zeug hielt und kam wieder zu sich.

Allgemeine Erleichterung. Und als der Peter die Augen aufschlug und die Lippen bewegte, da wusste der Hannes, dass ihm sein Kumpel erhalten blieb und zwar so, wie er ihn seit Langem kannte.

„Hettscht du alder Simbl mich nit an de Fieß feschdbinne kenne, donn wär mer ’s Wasser nit in die Gorgel geloffe!“

Zu diesem Vorwurf äußerte sich der Meesehannes nicht. „Kumm, Peter, zieh dich an, Zeit fer än Friehschobbe, in de Stehbierhall an de Neggerbrigg is b’stimmt noch Platz.“

So hat der Blumepeter schwimmen gelernt, aber eben nur fast.

Reißinsel, Kilometerbahn

Schwäne weiß wie Schnee. Auf schwarzem Wasser. Seelandschaft Rhein. Ein Wasserbogen. Die Sehne gerissen. Der Graben verlandet.

Motorengedröhn. Ein Schiff wird sichtbar. Der Bug pflügt das Wasser. Es wehen die Fahnen. Stromab. Vorüber.

Gesang der Kieselsteine. Die Sandbank. Glatt. Glänzend. Sanft rollen die Wellen darüber. Dort hinten: die Abbruchkante. Baumwurzeln. Steinblöcke. Bollwerke. Landverteidiger.

Schwäne weiß wie Schnee. Auf schwarzem Wasser. Seelandschaft Rhein. Wir schauen uns an. Du und ich.

Schnabelhiebe teilen den Sand an der Wasserlinie. Futtersuche. Strandläufer auf unsicheren Beinen.

Hier der Wasserbogen. Dort die Sehne. „Kilometerbahn", sage ich und deute hinüber zum Graben, in dem sich Schwemmholz zu bizarren Gebilden auftürmt. „Kilometerbahn. Seltsamer Name." Das Messtischblatt raschelt beim Zusammenfalten.

Sie lächelt. Ich fühle ihren Handrücken an meiner Wange. Es ist Januar. Wind kommt auf. Uns fröstelt. Die Kieselsteine singen.

Drei Raben fliegen über den Strom und landen auf der Sandbank. Sie krächzen, als wollten sie uns vertreiben. Schnabelhiebe teilen den Sand an der Wasserlinie. Futtersuche. Strandläufer auf unsicheren Beinen.

Aufbruch. Zurück bleibt ein Bild. Ein Bogen von Wasser. Die Sehne gerissen. Schwäne weiß wie Schnee. Auf schwarzem Wasser. Seelandschaft Rhein. Die Kieselsteine singen. Hörst du sie?

Neckarnostalgien

Wenn Leute, die im Mannheimer Stadtteil Feudenheim aufgewachsen sind, von früher erzählen, geht es immer auch um den Neckar. Eine ehemalige Feudenheimerin, Anfang 70, träumt noch heute vom Übersetzen mit dem Fährmann über den Altneckar zum gegenüberliegenden Neuostheim. Einer schon Jahrzehnte in München lebenden, in der Neckarstraße aufgewachsenen Dame geht es nicht anders. Sie behauptet sogar, sich an den Namen des Fährmanns zu erinnern. „Biedermann hieß der." Da ist sie sich ganz sicher.

Nicht wenige haben im Neckarkanal schwimmen gelernt und sind dann auf die damals noch üblichen Schleppkähne gestiegen und ein Stück mitgefahren.

Unweit der 1945 gesprengten Feudenheimer Kanalbrücke setzte ein Fährmann mit einem Nachen die Leute für einen Obolus von Zehn Pfennig über den Neckarkanal. Es war schwere Handarbeit, denn der gute Mann musste den Nachen an einem festgezurrten Drahtseil entlangziehen. Ein 70-Jähriger erinnert sich, wie er als Knirps im Herbst Anfang der 50er-Jahre wie viele andere Buben auf dem Kanaldamm seinen selbst gebauten Drachen steigen ließ. Als die Drachenschnur riss, landete sein blauroter Stolz auf der Maulbeerinsel. Auf Schusters Rappen machte er sich auf den weiten Weg auf dem Damm entlang zur Feudenheimer Schleuse und auf der anderen Seite wieder zurück. Seinen Drachen fand er unbeschadet, aber ihm graute vor der Vorstellung, mit diesem Ungetüm den Rückweg anzutreten. Im Hosensack hatte er allerlei vergraben, wie sich das für einen Bub gehörte, Geld war jedoch nicht dabei, nicht einmal ein Zehner, mit dem er hätte übersetzen können. Er hockte sich an die Fährtreppe und wartete, dass der Fährmann ihn aus Mitleid mitnehmen würde. Hätte er ihm sein Leid geklagt, der Mann hätte kein Herz aus Stein gehabt. Aber der Bub war zu schüchtern und wagte nicht, den Mann anzusprechen. Er versuchte, durch einen traurigen Gesichtsausdruck und einen sehnsüchtigen Blick zum anderen Ufer dem Fährmann seinen Wunsch zu signalisieren. Der Erfolg blieb aus, und so machte er sich schließlich auf den beschwerlichen Rückweg.

Gestandene Männer erinnern sich an die Zeit, als sie als Heranwachsende vor allem an späten Abenden die Neckarufer unsicher machten. So manches Mal schlichen sie sich an einen der vor der Schleuse festgemachten Kähne, stiegen in den am Heck festgebundenen Nachen, banden ihn los und ruderten bei Mondschein den Neckarkanal bis zur Autobahnbrücke und zurück. Es waren ordentliche Jungs, denn nach nächtlicher Bootsfahrt banden sie den Nachen wieder fest und suchten unbemerkt das Weite.

Dieselben Zeitgenossen erzählen auch von abenteuerlichen Tagen, als man kurz nach Kriegsende das Wasser des Neckarkanals über die Schleuse abgelassen hatte. Aale schlängelten sich im schwarzen Schlamm, die Buben waren aber weit mehr an rostigen Pistolen, Gewehren und Stahlhelmen interessiert und bargen ihre Fundstücke wie Schätze, sehr zum Unwillen der Bomben-Suchkommandos, die Blindgänger entschärften und dabei Leib und Leben riskierten.

Ein andermal machten sie sich beim Neckarfährmann zu schaffen, der noch einer Nebentätigkeit, nämlich dem Fischfang nachging, und seine Beute jeden Freitagvormittag auf den Feudenheimer Straßen zum Kauf anbot. Über die Woche hielt er in am Steg festgemachten, aus Holz gefertigten Reusen, die an kleine Boote erinnerten, seinen lebendigen Vorrat.

Die Kanalruderer beschlossen, nach Art der Pfadfinder ihre tägliche gute Tat zu leisten. Die gefangenen Fische taten ihnen leid, und sie dachten an deren schweres Schicksal, das sie am nächsten

Schiffsstau vor der Feudenheimer Schleuse.

Morgen erwartete, wenn der Fährmann sie in seinem Wasserkarren den Feudenheimer Hausfrauen anbot und ihnen mit einem gezielten Hammerschlag auf den Kopf den Garaus machte. So griffen sie beherzt zu und befreiten alle Gefangenen, die schnurstracks in die Neckarfluten abtauchten.

Was der gute Fährmann am anderen Morgen zu dieser vorgefundenen Bescherung sagte, ist nicht überliefert.

Landgang am Mühlauhafen

In der Fruchtbahnhofstraße am Mühlauhafen lag seit Ende des 19. Jahrhunderts die Niederlassung der Schiffsreederei Mathias Stinnes aus Mülheim an der Ruhr. Der Gründer dieser Industriedynastie (1790–1845) hatte einst als Ruhrschiffer den Kohletransport betrieben und als Erster die Schleppschifffahrt auf dem Rhein eingeführt.

Der 1869 in Duisburg geborene Gerhard Giesen war nicht zufällig nach seiner Schulzeit in die Dienste von Stinnes getreten, waren doch sein Vater und Großvater schon Rhein- und Ruhrschiffer gewesen. Nach Erwerb des Rheinschiffer-Patents im Jahre 1891 befuhr er fortan mit einem Schleppkahn plus Dampfschlepper unter der Stinnes-Flagge den Rhein zwischen Rotterdam und Mannheim, denn weiter stromauf ging es damals noch nicht.

Im Jahre 1897 heiratete er die drei Jahre jüngere, aus Styrum an der Ruhr stammende Anna Buchloh, die ebenfalls einer alteingesessenen Schifferfamilie entstammte.

Man lebte fortan auf dem Schiff, nur zu besonderen Anlässen wie Familienfeiern oder Geburt ging man am Styrumer Ruhrkai an Land.

Der Nachwuchs der jungen Familie ließ nicht lange auf sich warten. Die ersten drei Kinder wurden 1898, 1900 und 1902 geboren: Margerete, Gerhard und Elisabeth.

An weibliche Emanzipation war damals nicht einmal zu denken. Die dreifache Mutter, und dabei würde es wohl nicht bleiben, zog ihre Kinder auf dem Schiff auf. Als sich aber das vierte ankündigte, nahm sie allen Mut zusammen und bearbeitete ihren Ehemann, sich eine Stelle an Land zu suchen. Nach längerem Zögern sprach der Schiffer schließlich im Mülheimer Kontor vor.

Man hatte ein Einsehen in der Chefetage, hatten doch die Giesens und Buchlohs seit Langem einen guten Namen. Die Stinnes-Niederlassung in der Fruchtbahnhofstraße am Mannheimer Mühlauhafen brauchte einen Verlademeister. Das Areal am Hafenkai hatte nicht nur einen Kran, Lagerplätze und Lagerhäuser mit Gleisanschluss, sondern auch ein schmuckes Einfamilienhaus mit Garten. Zum Jahreswechsel 1903/1904 zog die Schifferfamilie ein. Ein Landgang mit Folgen.

Schiffer-Patent

Signalement des Inhabers:

1. Größe: 1 m 72 cm
2. Haare: dunkelblond
3. Stirn: mittel
4. Augenbrauen: dunkelblond
5. Augen: braungrau
6. Nase: } gewöhnlich
7. Mund: } gewöhnlich
8. Bart: ~
9. Zähne: gut
10. Kinn:
11. Gesichtsbildung: } rund
12. Gesichtsfarbe: gesund
13. Gestalt: gesetzt
14. Besondere Kennzeichen: ~

Unterschrift des Patent-Inhabers:

....

Gerhard Giesen

Nachdem der Schiffer Gerhard Giesen, 22 Jahr alt, Sohn des Schiffers Gerhard Giesen zu Duisburg-Hochfeld im Regierungsbezirk Düsseldorf wohnhaft, nachgewiesen hat, daß er die erforderlichen Fähigkeiten zum Betriebe der Schifffahrt besitzt, wird demselben hierdurch die Befugniß zur Führung eines Segelschiffes auf dem Rhein in der Strecke von Straßburg bis ins Meer

ertheilt.

Düsseldorf, den 19. December 1891.

Der Königlich Preußische Regierungs-Präsident.
In Vertretung.

I. III. A. Nr. 8122.

Nach Erwerb des Rheinschiffer-Patents im Jahre 1891 befuhr Gerhard Giesen fortan unter der Stinnes-Flagge den Rhein zwischen Rotterdam und Mannheim.

Für den altgedienten Schiffer war es nicht leicht, sein gelerntes Handwerk und seine Heimat im Ruhrgebiet aufzugeben, ganz im Gegensatz zu seiner Frau, die sich endlich ihren großen Wunsch erfüllt hatte, auf dem Trockenen zu leben und hier ihre wachsende Kinderschar aufzuziehen. 1904 kam hier Anna zur Welt, 1909 und 1910 folgten die „Nesthäkchen" Erna und Gertrud. Die Familie war komplett.

Man wurde schnell heimisch in der großen Stadt an Rhein und Neckar. Das Haus war geräumig genug, Vaters Arbeitsplatz lag vor der Tür, der Garten wurde von Jahr zu Jahr immer schöner. Gegen das weniger idyllische Hafengelände schottete man sich mit Bretterzäunen ab. Ein Paradies inmitten der Hafenanlagen.

Zur Stadt kam man über die Spatzen- und Teufelsbrücke, ging durch die „Kalt' Gass'" zwischen Jesuitenkirche und der alten Kunstschmiede, und schon war man angekommen am Paradeplatz, am alten Kaufhaus, in den Planken, der Breiten Straße und dem Rathaus am Marktplatz. Die vielen Quadrate mit ihren Buchstaben und Zahlen waren den Kindern bald so vertraut wie ihre Westentasche. Der Hausvater war ein Familienmensch und hatte am liebsten seine Lieben mitsamt deren Bekannten um sich. Gastfreundlich war es, das Haus am Mühlauhafen. Viele Fotografien in den alten Alben zeigen es der Nachwelt. Der ehemalige Rheinschiffer engagierte sich im Schifferverein und übernahm Ehrenämter in der Trinitatiskirche in G3 und dem Diakonissenkrankenhaus, das damals noch in F7 stand.

1932 erhielt er zum 50-jährigen Dienstjubiläum von seinem Arbeitgeber an der Ruhr jenes in goldfarbenem Rahmen gefasste Verdienstkreuz am Bande, das für viele Jahre an der Wand hing, neben der über einen halben Meter langen Pfeife mit Porzellankopf, auch noch im Haus im Feudenheimer Kirchfeld, das er kurz vor dem Ruhestand 1935 hatte bauen lassen. Hier wollte er alt werden. Die

Tochter Gertrud mit zwei Freundinnen auf dem Weg zur Stadt.

Vater und Mutter Giesen mit Tochter Grete vor dem Haus am Mühlauhafen.

Entscheidung war wohlüberlegt, lag doch das Haus fast unmittelbar am Neckarkanal, wo er seinem alten Metier ganz nah war. Hier kam es auch zu den denkwürdigen Besuchen von Schiffersfrauen, von denen einer der vielen Enkel berichten kann. Wenn ein Schiff von Mülheim oder vom Niederrhein den Neckar hoch fuhr, musste die Schiffersfrau die Anna aus Styrum besuchen, da half nichts, und man machte an der Feudenheimer Schleuse fest. Dann saß der kleine Enkel unter dem Tisch und lauschte der Unterhaltung, verstand aber nichts, denn die beiden Frauen sprachen niederrheinisches Platt.

Hier, im Haus nahe am Neckar, fand der alte Rheinschiffer auch Zeit, sein letztes Schiff als Modell zu bauen und es in einen gläsernen Kasten zu setzen. Erna steht am Bug, der Name seines fünften Kindes. Ein Urenkel hat das Dampfschiff bei sich zu Hause aufgestellt und hütet es wie seinen Augapfel.

Schiffe am Mannheimer Strandbad. Auf der gegenüberliegenden Rheinseite ist der Kiefweiher zu erkennen.

Gegen den Strom

Das neue Jahrtausend hatte gerade seinen Anfang genommen, als ich eines Morgens meine obligatorische Frühstückslektüre des Mannheimer Morgens jäh unterbrach. Es war eine Todesanzeige, die mich ansprang und aus meinem Alltagstrott riss. Ein Freund aus längst vergangenen Kindheitstagen war einer heimtückischen Krankheit erlegen. „Statt Kranz- und Blumenspenden bitten wir um eine Spende an den Hospizverein Bensheim an der Bergstraße." Das stand unten, etwas kleiner gedruckt.

Fritz, eigentlich Friedrich Cäsar, weil seine Mutter eine geborene Cäsar war, war von meinem zehnten Lebensjahr an mein Freund gewesen, nachdem er mit seiner Familie in der obersten Etage eines neu gebauten Hauses in unserer Straße im Kirchfeld am Neckarkanal zog. Mit dem neuen Nachbarsjungen, der fast auf den Tag genau ein Jahr älter war als ich, verstand ich mich auf Anhieb. Die ganzen 50er-Jahre waren wir fast unzertrennlich, auch als er mit seiner Mutter in die Mannheimer Innenstadt zog. Doch zu Anfang der 60er-Jahre riss die Verbindung irgendwann ab.

Jetzt war er gestorben. Nur 62 Jahre war er geworden. All das ging mir durch den Kopf, als ich auf die Anzeige starrte. Alles war wieder da, gerade so, als sei es letzte Woche oder gestern gewesen: das Schlittenfahren am Kanaldamm, das Fahren mit den für ein paar Stunden gemieteten Rollern mit Luftbereifung auf der Brückenzufahrt, das Schwimmen im Neckar und die Aufenthalte auf unserer „Moosinsel" unterhalb des Feudenheimer Kraftwerks, wo wir uns mit feuchtem Moos bedeckten bis es angetrocknet war und wir mit selbst geschnitzten Bogen und Pfeilen ganze Sommertage als Steinzeitmenschen verbrachten.

Fritz war mutiger als ich. Als Einziger kletterte er über das Eisengestänge, in dem ein Stromkabel über den Neckarkanal zur Maulbeerinsel hinüberführte. Später, als die Brücke wieder gebaut war, krochen wir in einen Gang unter der Brückenfahrbahn und machten uns einen Spaß daraus, auf die darunterfahrenden Schiffe zu pinkeln.

Als ich am nächsten Tag zur Trauerfeier auf dem Bergfriedhof in Bensheim-Auerbach fuhr, dachte ich an die Hochsommertage, die wir am Mannheimer Strandbad, dem „Kurpfälzer Lido", verbracht hatten. Es muss 1955 gewesen sein. Nachdem wir zum wiederholten Mal die Strandbadmeile hinuntergeschwommen und wieder auf der Betonpromenade hinaufgelaufen waren, hatte Fritz eine Idee, der ich mich begeistert anschloss. „Wir schwimmen über den Rhein", sagte er kühn. „Ich weiß auch schon, wie es geht."

Gesagt, getan. Wir, mein 14-jähriger Freund und ich, liefen das Ufer entlang bis hinauf zur Silberpappel, warteten, bis kein Schiff mehr in Sicht war und sprangen in die Fluten.

Die Strömung war gewaltig. Es stand zu befürchten, dass wir bei unserer geplanten Rheinüberquerung so weit abgetrieben würden, dass wir frühestens am Kai von Giulini das gegenüberliegende

Ufer erreichten und zurück bestenfalls am Lindenhofufer wieder Mannheimer Festland betreten konnten.

Doch nun war es zu spät. Das Abenteuer abbrechen? Daran war nicht einmal zu denken.

„Halb gegen den Strom schwimmen!“, schrie Fritz. „Wir müssen noch vor dem Kief an Land kommen, sonst klappt’s nicht!“

Der hatte gut reden mit seiner athletischen Modellfigur, dachte ich und schwamm so gut ich konnte kräftig halb gegen den Strom, wie mich mein Mitschwimmer ermahnt hatte. Ein Schiff tauchte plötzlich rheinaufwärts auf und tutete ohrenbetäubend, doch wir hatten schon die Landesgrenze zwischen Baden-Württemberg und Rheinland-Pfalz überwunden, sodass das Schiff einige Meter hinter uns vorbeizog und für hohe Wellen sorgte, die uns vorübergehend die Sicht zum angestrebten Ufer nahmen.

Es ging gut. Mit letzten Kräften stiegen wir an Land, unmittelbar am Eingang zum Ludwigshafener Kiefweiher. An einen längeren, erholsamen Aufenthalt war nicht zu denken. Wir froren bald jämmerlich, trotz der sommerlichen Temperaturen.

Wir fassten das gegenüberliegende Strandbadende ins Auge, schauten uns an, einer entschlossener als der andere, und ab ging es wieder in die Fluten von Vater Rhein.

„Halb gegen den Strom schwimmen!“ Ganz so laut wie zuvor war sein Rat nicht mehr. Es war eher ein heiseres, Rheinwasser gurgelndes Krächzen.

Wir kamen voran. In der Mitte des Stroms waren wir fast auf der Höhe der Strandbadlädchen. Es galt, noch vor der Reißinsel unsere Heimatstadt Mannheim zu erreichen. Die Kräfte schwanden. Zum Glück kam uns diesmal kein Schiff in die Quere. Noch einmal mahnte Fritz: „Gegen den Strom schwimmen!“, war aber so ermattet, dass er nur noch flüsterte. Dann war es geschafft. Am Ende der Promenade stiegen wir an Land, wankten über den hier schmalen Kiesstrand, legten uns, nach Luft japsend, bäuchlings auf den warmen Betonboden und schauten uns an. Stolz waren wir, stolz wie die römischen Kaiser, deren erster Cäsar gewesen war, und dessen viele Nachfolger mein Freund Fritz schon damals bis zum Untergang des Römischen Reiches chronologisch aufsagen konnte.

Als wir an jenem Nachmittag mit unseren Fahrrädern über den Neckarauer Übergang heimfuhren, vereinbarten wir, zu Hause nichts, aber auch gar nichts über unsere Rheinüberquerung verlauten zu lassen. Trotz unseres geringen Alters merkten wir wohl: Ganz ungefährlich war die Sache nicht gewesen, weiß Gott nicht.

An jenes Abenteuer musste ich auf meiner Fahrt nach Bensheim denken. Der Friedhof lag idyllisch an einem Berg des Odenwalds. Die Kapelle stand ganz oben. „Gegen den Strom schwimmen!“, hatte er damals gerufen. Dies haben wir, mein Freund Fritz und ich, im übertragenen Sinne später versucht, das weiß ich noch genau, auch wenn es nicht immer einfach war, gegen den Mief der 50er-Jahre anzukämpfen und wir uns dabei so manches Mal blaue Flecken einhandelten.

Ein weltlicher Trauerredner gestaltete das Totengedenken und sprach vom Werden und Vergehen. Am Ende legte er eine CD in das mitgebrachte Abspielgerät, und der berühmte Donauwalzer von Johann Strauß aus dem Film „2001, Odyssee im Weltraum“ klang verhalten durch die Friedhofskapelle. Es sei der Wunsch des Verstorbenen gewesen, teilte der Redner mit.

Von meinem zehnten bis zweiundzwanzigsten Lebensjahr war Fritz mein Freund gewesen. Mit ihm bin ich einmal über den Rhein geschwommen. „Halb gegen den Strom!“ Gerade jetzt höre ich ihn rufen.

Industrieromantik pur: Friesenheimer Insel

Nirgendwo sonst im Rhein-Neckar-Dreieck sind Aufstieg, Stagnation und Strukturwandel der alten Industrie- und Handelsstadt Mannheim eindrucksvoller zu erleben als auf der Friesenheimer Insel. Ein von Wasser umgebenes Gebiet von der Ausdehnung einer mittelgroßen Stadt, das auf den ersten Blick monströs hässlich und unbewohnbar erscheint, auf den zweiten Blick aber faszinierend mit industriegeschichtlichen Bauten, auf den dritten verblüffend wegen des Nebeneinanders von verfallenden und modernen Industrieansiedlungen und hier nicht vermuteter Naturreservate.

An der Diffenébrücke gab es übrigens bis Anfang der 50er-Jahre ein richtiges Schwimmbad mit Schwimmverein und Restaurant, sehr zur Freude der Kinder aus der Neckarstadt, dem Luzenberg und vom Waldhof.

Nirgendwo sonst wird dem Betrachter dieser Gegensatz mehr ins Auge springen: Ein Traktor mit hochgeklappten Pflugscharen tuckert vor einer Kolonne von Lastwagen an Industriebauten vorbei zu den Äckern, die sich am Rhein gegenüber der imposanten Kulisse der Anilin hinziehen.

Es ist hochwassergefährdetes Gebiet, das sich unterhalb der höher gelegenen Max-Planck-Straße fast bis zur Nordspitze der Insel ausdehnt. Hier geht das Ackerland in einen dichten Auwald über. Hier mündet der Altrhein in den Strom. Drüben liegt, hinter Dämmen und Pappeln verborgen, das ehemals landwirtschaftlich geprägte Sandhofen.

Nach Nordosten hin ist der Waldhof auszumachen, die Kernzelle des Aufstiegs Mannheims von der kurpfälzischen Residenzstadt zur prosperierenden Industrie- und Handelsstadt am Oberrhein. Aber da war unsere Stadt längst badisch.

Verblüffend - Das Nebeneinander von verfallenden und modernen Industrieansiedlungen und Naturreservaten, die man hier nicht vermuten würde.

„In Karlsruh' steht die Residenz, in Mannheim die Fabrik", heißt es im Badener Lied, das den Mannheimern nur schwer über die Lippen geht. Es ist auch Ausdruck der radikalen politischen und zivilisatorischen Umbrüche, die diese Region im Laufe des 19. Jahrhunderts erlebt hat.

Der Altrhein endet nach Süden unmittelbar am Neckar und heißt hier Industriehafen. Drei Verästelungen heißen Bonadies-, Kaiser Wilhelm- und Inselhafen. Verbindung zum Neckar hält die Kammerschleuse. Dahinter kommt der Spaziergänger an einer Kleingartenanlage vorbei, die sich bei Neckarstädter Familien trotz Hochwassergefahr großer Beliebtheit erfreut. Der zusätzlich aufgeschüttete Damm wird schon halten.

Dass diese Mannheimer Insel nach dem linksrheinischen und damit pfälzischen Ludwigshafener Stadtteil Friesenheim benannt ist, dafür ist der legendäre Rheinregulierer Johann Gottfried Tulla

(1770-1828) verantwortlich, als er vor bald 200 Jahren für den Rheindurchstich sorgte und damit für die Abtrennung eines großen Teils der Friesenheimer und Oppauer Gemarkung und deren Zugehörigkeit zum badischen Mannheim.

Hätte sich der Mannheimer Stadtrat im Jahre 1865 den Gründungsvätern der Badischen Anilin- und Sodafabrik etwas entgegenkommender gezeigt, wäre das Stammwerk des Chemieriesen am Neckarufer und auf der Friesenheimer Insel entstanden.

Fazit: Der damals von den Mannheimer Stadtvätern beschlossene abschlägige Bescheid hat dem Neckarvorland und der Friesenheimer Insel ihr heutiges, ambivalentes Gesicht gegeben, geprägt von Naturidylle und Industriebauten und dem für die ansonsten pottebene Landschaft am Rhein ungewöhnlichen Gebirge, von dem noch die Rede sein wird.

Am Kai des Industriehafens siedelten sich am Ende des 19. Jahrhunderts Mühlenbetriebe an. Die Fracht der Kornschiffe wurde an Ort und Stelle zu Mehl, aber auch zu Teig- und Grieswaren verarbeitet. Ganze Nahrungsmittelfabriken entstanden. Vertraute Namen prangen auf hohen Klinkerbauten. Nur wenige haben bis heute überlebt. „Clubkraft“ steht in riesigen Lettern auf dem Dach eines Industriedenkmals, der Name eines Produzenten für Tierfutter. Daneben entstanden Ölmühlen, Pflanzenfett- und Margarinefabriken und Erdöl verarbeitende Betriebe, allen voran die aus kleinsten Anfängen hervorgegangene Schmiermittelfabrik Fuchs Petrolub, heute in der dritten Generation geführt, längst ein Global Player und von den Alteingesessenen noch immer „der Ölfuchs“ genannt. Die Gründerfamilie wohnte noch auf dem damals viel kleineren Firmengelände, und der Inhaber fuhr mit Kannen sein Motoröl aus. Penna Purra hieß später seine Marke, gut sichtbar auf den bunten Fahnen, die bei den damals so beliebten Bergrennen im Odenwald wehten, wo auch der leidenschaftliche Autoschrauber und spätere Alfa-Romeo-Händler Helmut Hähn seinen Fahrer und dessen Alfa GT Veloce betreute und so manchen Sieg einfahren konnte. Einer seiner Jungs wurde später weltberühmt: der Formel-Eins-Rennfahrer Jochen Mass.

Auch Metall verarbeitende Industrie entstand schon früh an der Friesenheimer Inselstraße, mittelständische Maschinenfabriken, denen es auf dem Luzenberger und Waldhofer Festland an Raum mangelte. Sie alle erlebten noch den Boom der 50er- und 60er-Jahre, waren aber zur Zeit des Strukturwandels der 70er nicht mehr konkurrenzfähig. Ihren Eignern hatten sie Gewinn abgeworfen, wurden dann aber von größeren Firmen übernommen und später liquidiert.

Bis es so weit kam, stand hier ein Heer von Facharbeitern und Angestellten in Lohn und Brot, auch Ungelernte fanden Beschäftigung.

Eine Armada von Bussen brachte die Leute morgens zwischen sechs und sieben Uhr vom damals noch existierenden Neckarstädter Bahnhof an der Kurpfalzbrücke und vom Luzenberg auf die Insel. Ganz früh die Arbeiter, die graue Kolonne, in den Aktentaschen ihr Frühstücksbrot im Alubehälter, in der Hand die Bildzeitung für zehn Pfennig. So saßen oder standen sie in den rumpelnden Bussen oder deren Anhänger, rauchten und zeigten dem Schaffner ihre Monatskarte. Die Stundenlöhne waren niedrig, 1,50 oder zwei Mark war normal, an einen eigenen fahrbaren Untersatz nicht zu denken.

Auch heute noch fahren hier Linienbusse, und die Namen der Haltepunkte haben sich nicht geändert: Kammerschleuse, Dürstelschlag, Rheinhorststraße, Hombuschstraße. Schaffner, die sie ausriefen und sie damals noch allein am Geruch erkannten, gibt es nicht mehr.

Hombusch-, Franzosen-, Scheidhorststraße, hier haben die Stechuhren schon lange ausgedient. Ganze Hallen und Werkstätten sind plattgemacht, die übrigen stehen leer. „Zu vermieten" steht auf dem Dach eines Bürogebäudes. Im Pförtnerhaus ist ein Imbiss mit Spielautomaten. Die Schranke zum Betriebsgelände ist längst abmontiert. Der Gleisanschluss rostet vor sich hin.

Im hinteren Gelände einer schon lange stillgelegten Fabrik für Flaschenabfüllanlagen hat der sagenhafte Mannheimer Schwemmholzkünstler Dr. Mo Edoga vor über 20 Jahren sein haushohes Kunstwerk geschaffen, zur Freude der Kunstszene, zum Missfallen der Behörden, die ein Umstürzen auf die Straße und Gefahren für Leib und Leben befürchteten und die sofortige Entfernung oder wenigstens den Rückbau forderten. Der Zahn der Zeit nagte allerdings an dem kolossalen Kunstwerk, sodass es irgendwann verschwand. Aber der einer nicht euklidischen Geometrie anhängende Künstler (O-Ton Edoga: „Die Natur kennt keinen rechten Winkel" und „Ein Kunstwerk wird nie fertig") hat längst an anderen Orten Mannheims weitergewirkt, für Aufsehen gesorgt und die Kunstszene bereichert.

Im Gegensatz zum Areal rund um die Hombuschstraße, das nur allmählich aus seinem Dornröschenschlaf erwacht, ist auf dem ehemaligen Brachland nördlich der Diffenéstraße Neues entstanden. Die Stadt bot Grundstücke an, und kleinere und größere Handwerksbetriebe griffen zu, Spezialbetriebe mit hochmodernen, computergesteuerten Werkzeugmaschinen produzieren mit hoch qualifizierten Fachleuten Maschinenteile für den Weltmarkt. Es sind mittelständische Unternehmen, die sich hier angesiedelt haben. Sie haben alle Krisen und Umbrüche überlebt und als Spezialisten Nischen gefunden und ausgebaut. Sie investierten, als andere schließen mussten. Sie haben nicht nur überlebt, sondern sich Schritt für Schritt vergrößert, oft aus kleinsten Anfängen heraus: die Lebensleistung von vor und nach 1940 geborenen Handwerksmeistern, deren Nachkommen heute florierende Unternehmen leiten.

Überragt wird die Friesenheimer Insel von zwei eindrucksvollen Gebilden: den gewaltigen Bauten der Müllverbrennungsanlage und den Schuttbergen im Nordosten, die einen, wenn man vor ihnen steht, an ein kleines Gebirge denken lassen. Die Hänge sind renaturiert und bieten Pflanzen und Kleintieren ein Reservat, vor allem Scharen von Vögeln, die sich schreiend und krächzend auf den Gipfeln und Hochflächen niederlassen. An der Südseite wirkt ein Konglomerat aus schön verputzten Gebäuden und einem Turm wie ein ländlicher Ort mit Kirche, an einen Bergrücken geschmiegt. Der Betrachter mag darauf warten, dass gleich die Glocke läutet, aber dies geschieht nicht. Wäre auch zu viel verlangt.

Vom Berggipfel steigt eine weiße Rauchfahne auf, aber das ist eine optische Täuschung, stammt sie doch von der Zellstofffabrik auf der anderen Seite des Altrheins.

Kettenfähre „Anna“ über den Altrhein bei Sandhofen.

An der Diffenébrücke gab es übrigens bis Anfang der 50er-Jahre ein richtiges Schwimmbad mit Schwimmverein und Restaurant, sehr zur Freude der Kinder aus der Neckarstadt, dem Luzenberg und vom Waldhof. Wegen der immer dramatischer sinkenden Wasserqualität musste es, wie auch die Flussbäder am Lindenhofufer, von der Behörde geschlossen werden. Da half auch der letzte Versuch des Vereinsvorsitzenden nichts. Der gute Mann nahm in einer von den Medien begleiteten Protestveranstaltung ein Glas, füllte es demonstrativ mit Hafenwasser, trank es in einem Zug leer und meinte: „So schlecht kann des Wasser nit sei, wenn ma's sogar trinke kann!“

Ludwigshafen

Wo wir uns trafen
Und ich dich fand
War einst König Ludwigs Hafen
Seestadt auf dem Land.

Die weiße Brücke quert den Strom
Die Mühle gehet nimmer.
Bergauf nicht weit der Dom
Bergab Fabrikgeflimmer.

Wir schauen zum roten Fenster
Hier wohnte die Bourgeoisie.
Davon träumen die Bloch'schen Gespenster
Die Hoffnung endet nie.

Am Ufer liegt ein künstlicher Strand
Es ist uns beschert ein stabiles Hoch.
Da kommt ein Maulkorb mit Hund angerannt.
Lichtenberger, wir ehren dich noch.

Leicht schwingt sich der Steg
Im Süden schwebt milchiger Rauch
Am Kai hocken Männer, die saufen was weg
Feist wölbt sich und glänzt ihr nackter Bauch.

Drüben am Kiesstrand grölende Jungen
Liebespaare liegen im Gras

Auch das sind Bloch'sche Erinnerungen:
Die Wellen standen wie Glas.

Hier wird promeniert bis zur Pegeluhr.
Am Wegrand mümmelt ein Hase.
Gestandene Mädels inlinern stur
Gepierct sind Zunge und Nase.

Die Stadt trägt heute ein goldenes Dach
Ramschläden machen Getriebe
Wortlos grübeln Männer beim Schach
Hier sang einst Kafschinsky Elfriede.

Zurück zum Rhein und Schubverbänden
Zur Strandbar nah am Pier
Graffiti an leuchtenden Häuserwänden
Oh, König Ludwig, wir danken dir.

Heimatstadt Mannheim

Die alte Friedrichsbrücke (heute Kurpfalzbrücke) in den 1920er-Jahren.

Hauptbahnhof Mannheim, 10.57 Uhr. Der Zug war pünktlich. Bremsen quietschten. Lukas spähte in die vorbeigleitenden Zugfenster und hielt Ausschau nach Großonkel Paul aus Chicago, den er nur von Briefen und Fotos kannte und der nach Jahrzehnten zum ersten Mal wieder die Stadt seiner Kindheit aufsuchte. Es war ein sonniger Julitag. Man schrieb das Jahr 1996.

Nicht wenig war es, was Lukas vom Bruder seines längst unter der Erde liegenden Großvaters wusste: 1934 war er wegen defätistischer Äußerungen mehrere Tage in Schutzhaft genommen worden und hatte daraus die Konsequenz gezogen, Nazi-Deutschland den Rücken zu kehren und nach Amerika auszuwandern. Auf der Schiffsreise über den „Großen Teich“ hatte er die Mannheimerin Luise aus der Eichelsheimer Straße in Mannheim-Lindenhof kennengelernt, die dem Ruf einer Tante, die schon länger in den Staaten lebte, gefolgt war.

Bei der Ankunft in New York verloren sich die beiden aus den Augen, aber schon wenige Wochen danach trafen sie sich zufällig wieder, nämlich in einer Schule in Chicago, wo die beiden 24-jährigen Mannheimer Auswanderer Englisch lernten. Es muss Liebe auf den ersten Blick gewesen sein, denn Paul und Luise verbandelten sich schnell miteinander, schon ein Jahr später wurde Hochzeit gefeiert, drei Kinder folgten in kurzem Abstand. Der Nachwuchs reifte weit schneller als die Eltern zu waschechten Amerikanern heran und brachte es mit der deutschen Sprache nicht über bruchstückhafte Ansätze hinaus. Als die Kinder erwachsen waren, verstreuten sie sich nach Süd-Dakota und Colorado. Paul und Luise blieben in Chicago, wo sie Wurzeln geschlagen hatten.

Vor einem Jahr war Luise gestorben, und der inzwischen 87 Jahre alte Amerikaner, der vor über sechs Jahrzehnten überstürzt abgereist war, hatte sich entschlossen, seiner Heimatstadt Mannheim einen Besuch abzustatten.

Lukas' Augen irrten den Bahnsteig hinauf und hinunter. Einer der Aussteigenden musste sein Onkel Paul sein, aber wo war er? Auf was hatte er sich da eingelassen, den amerikanischen Großonkel für die nächsten fünf Tage aufzunehmen? Platz hatte er ja in seinem Singlehaushalt im Almenhof. Aber was sollte er mit dem Alten anfangen? Auf diese Fragen hatte er noch keine Antwort gefunden.

Dann entdeckte er ihn. Ganz hinten stand ein alter Mann in einem weißen Leinenanzug, ein blaues Tuch um den Hals, das farblose Haar stand ihm wirr in die Höhe. Er hielt sich an einem überdimensionierten Rollkoffer fest und rührte sich nicht, gerade so, als ob er dachte: Ich rühre mich nicht von der Stelle, bis Lukas kommt.

Und der kam jetzt und fügte sich in die herzliche Begrüßung. Umarmungen und Ausrufe wechselten einander ab. „Hallo, Luke, da bist du ja! Wie schön, dich zu sehen! Mannheim, ich bin wieder da! Das ist schön!"

„Herzlich willkommen, Onkel Paul! Gib mir den Koffer!" Mehr brachte Lukas nicht heraus.

Als sie die Bahnhofshalle verließen und den Vorplatz betraten, blieb der Alte abrupt stehen, schaute geradeaus und flüsterte: „Der Kaiserring, der Kaiserring. Ist es nicht so?" Er schien nachzudenken. Lukas wartete. „Und dort hinten rechts steht der Wasserturm!" Der Onkel sprach nun laut und vernehmlich, sodass sich einige Passanten umdrehten und einer rief: „Da haben Sie völlig recht, mein Herr!", was der Onkel mit einem dröhnenden Lachen quittierte.

Es folgte die Einquartierung in der Wohnung auf dem Almenhof, dann Mittagessen, einstündige Bettruhe und eine Ausfahrt in die Stadt, bei der Onkel Paul die Ziele vorgab, sozusagen eine Reise in die Vergangenheit machte. Vom Schloss ging's zum Paradeplatz, wo er das alte Kaufhaus vermisste, dann am Marktplatz vorbei, zur Neckarbrücke, die er nicht mehr wiedererkannte und meinte, es sei die falsche, dann zum Wasserturm, zur Kunsthalle und der Schule daneben, die er neun Jahre lang besucht hatte und sie unbedingt von innen sehen wollte. Lukas wunderte sich, dass Paul immer eine beige Stofftasche in der Hand hielt, offenbar mit Inhalt, und Lukas hätte zu gern gewusst, was der Großonkel da mit sich schleppte, verkniff es sich aber, danach zu fragen. Es folgte eine Fahrt die Augusta-Anlage entlang und wieder zurück, die Fressgasse hinunter, dann durch die Kunststraße, und der Beifahrer schüttelte immer wieder den Kopf und murmelte: „Ich kenn mich nicht mehr aus, früher war's viel schöner."

Es war schon Abend, als Lukas die Rheinterrassen am Lindenhofufer ansteuerte, denn darauf hatte sein Gast bestanden. Kaum hatten sie im Biergarten Platz genommen, wurde der Onkel unruhig. „Bleib du hier sitzen, Luke, ich komm gleich wieder." Mit der ausgebeulten Stofftasche in der Hand ging er gemächlich über die Wiese zum Rheinufer und blieb stehen. Lukas ließ ihn nicht aus den Augen. Paul stand da und schaute auf den Strom. Minuten vergingen. Dann setzte er sich in Bewegung, stieg die Böschung hinunter und war nicht mehr zu sehen. Lukas stand auf und eilte zum Ufer. Er kam zu spät. Was er sah, konnte er nicht mehr verhindern. Die kupferne Urne glitzerte in der Abendsonne, und der Onkel war gerade dabei, den letzten Rest Asche in den Rhein zu schütten.

„Was machst du denn, Onkel, das ist in Deutschland nicht erlaubt!" Lukas war außer sich. „So, ist es das?", war die Antwort. Da stand er, die leere Urne in der Hand und blickte den Rhein hinunter.

„Ich hab ihren letzten Wunsch erfüllt, mein lieber Luke, Luise hat es so gewollt."

Strandbadfreuden in alten Zeiten.

Lukas schüttelte den Kopf und schwieg. Was sollte er auch sagen? Er half dem Flussbestatter nach oben, und als er ihn so nah vor sich sah, bemerkte er die Tränen, die dem Alten die Backen hinunterliefen.

Im Biergarten nahmen sie wieder Platz und gaben ihre Bestellung auf. Es wurde ein langer Abend, denn der amerikanische Onkel hatte noch viel zu erzählen von den alten Zeiten, die Luise hier am Rheinufer verbracht hatte.

Ein Reh bricht aus dem Wald

„Da sind sie ja schon“, sagt Karla zu Jochen, der einen Parkplatz am Lindenhofer Waldparkdamm angesteuert hat. Sie haben nicht lange auf ihre Freunde warten müssen. Traudel winkt hinter der Scheibe, und Walter fährt rückwärts in die Parklücke, eine seiner vielen individuellen Eigenheiten, über die sich Karla und Jochen seit all den Jahren ihrer Bekanntschaft nicht mehr wundern.

Was die vier vorhaben? Eine kleine Wanderung zur Reißinsel, gleich nach Weihnachten vereinbart. Heute ist Sonntag, Mitte Januar. Herzliche Begrüßung, Küsschen links, Küsschen rechts. Die beiden Männer boxen sich in die Rippen.

Jochen schaut zum blauen Himmel und zur tief stehenden Sonne und reibt sich die Augen. Dann schaut er auf die Uhr. „Müsst' reichen, bis es dunkel wird.“

„Pack' mer's, dann los!“, meint Walter und drängt zum Aufbruch. „Mir wird's kalt!“

Vorneweg die beiden Männer, dahinter die Frauen, die sich wie stets viel zu erzählen haben.

„Kennscht de Weg?“

Jochen nickt.

„Sicher?“

„Aber ja doch!“

Sie gehen am Rheinufer entlang und sie sind nicht allein. Die halbe Stadt scheint hier unterwegs zu sein. Mit Kind und Kegel. Hunde sind auch dabei.

Die Schuhe knirschen auf dem Rollsplitt. Linker Hand stehen ein paar Leute vor einer Baumscheibe hinter Glas und lesen die den Jahresringen zugeordneten, lokalen Ereignisse. Jochen will stehen bleiben, doch Walter dreht den Kopf zum Zeichen, dass er sich das jetzt nicht antun will.

Ehe sie die Einmündung des Bellenkrappens erreichen, kommt dann doch ein Gespräch zwischen den beiden zustande. Sie stehen kurz vor der Rente, einem Ereignis, dem sie einerseits mit Erleichterung, anderseits mit Bangen entgegensehen.

Im Mündungsgebiet stapfen Knirpse unter den Augen ihrer Eltern zwischen watschelnden Enten und tapsigen Schwänen. Karla und Traudel bleiben zurück und beobachten die Szene, haben aber die ihren Vorwärtsdrang zügelnden Ehemänner bald eingeholt und heften sich wieder an deren Fersen.

Der Weg führt jetzt durch den Waldpark, immer am Bellenkrappen entlang. Auf der anderen Seite liegt ihr Ziel, die Reißinsel. Mitten im Wasser haben Angler ihre Boote an Bojen befestigt. Viel altes Laub schwimmt hier herum, Hinterlassenschaft der Laubbäume, die den Waldpark im Sommer zu einer grünen Oase machen. Jetzt stehen sie nackt und warten auf den Frühling.

Walter wird wieder gesprächig. „Hier irgendwo hab ich vor 50 Jahr bei de Pfadfinner mei Wölflingsprüfung abgelegt, mit Himmelsrichtunge bestimme un Zelt uffbaue und Feuer mache un so Zeug. Gibt's eigentlich heut noch Pfadfinner?“

Freund Jochen zuckt die Schultern. Er kennt Walters Erinnerungen zur Genüge, schlüpft in die Rolle des Wanderführers und weist die Damen darauf hin, dass der Bellenkrappen hier immer breiter wird und sie jetzt gleich eine kleine Insel sehen werden, die Kuckucksinsel, und dahinter sei der Steg, der sie zur Reisinsel führe.

Am Bellenkrappen.

Dann folgen sie dem Hinweisschild, erreichen ein Tor und stehen vor einer überdachten Informationstafel und Verbotsschildern für Radfahrer und Hunde.

Walter macht den Vorleser. „Aus Naturschutzgründen (Vogelbrutzeit) ist die Reißinsel vom 1. März bis 30. Juni geschlossen."

Alle vier ziehen ihre Schals fester und gehen über den Steg. „Kuckucksinsel, goldisch, ein schöner Name für eine Insel." Traudel ist ganz entzückt.

Ein Schild verrät ihnen, wo sie gehen: Carl-Reiß-Weg. Benannt nach dem Ehrenbürger, der das damals noch Fasaneninsel genannte Eiland als Jagdgebiet nutzte und es kurz vor seinem Tod seiner Heimatstadt vermachte.

Traudel hängt sich an Walters Arm, und Jochen nimmt seine Karla bei der Hand. Sie gehen durch den „Großen Bannwörth", wie ihnen ein am Wegrand aufgestelltes Schild verrät und überqueren eine Streuobstwiese.

Die Streuobstwiese auf der Reißinsel.

„Während der Baumblüte muss es hier besonders schön sein." Karla dreht sich zu ihren Begleitern um und wartet auf Zustimmung. Kopfnicken allerseits.

Am rechten Wegrand taucht ein winziges, aber hohes Fachwerkhaus auf, die Jagdhütte des alten Nimrod, halb von Büschen und Schlingpflanzen verdeckt. Das Gelände ringsum lässt an einen verwilderten Hausgarten denken. Hoch ragt der Keller aus dem Boden, darauf steht das mit roten Backsteinen gemauerte Häuschen. Das Dach ist neu gedeckt, Fensterhöhlen gewähren Einblick in das verfallene Innere.

„Guckt mal da auf das Schild an der Wand, da stehen die Hochwassermarken." Karla ist als Erste vor Ort und zeigt auf die Wasserstände der vergangenen 200 Jahre.

„Mensch, ihr Leut, do dät uns jetzt es Rheinwasser bis zum Hals stehe." Walter hält die flache Hand an sein Kinn. Die beiden Frauen schütteln sich. „Brrr..."

Bäume stehen wie Gespenster im Zwielicht. Amseln schimpfen im Gestrüpp.

Ihr Weg führt zum Rhein, der sich noch hinter mächtigen Pappeln verbirgt, aber am Tuckern von Schiffsmotoren zu hören ist. In wuchernden Sträuchern hängen unzählige Meisen und zwitschern, was das Zeug hält. Vogelgesang im Januar.

Sie erreichen das Ufer. Drüben hebt sich die gewaltige Abraumhalde der Giulini-Fabrik vom Horizont ab.

Die vier Wanderer wenden sich nach rechts und folgen dem Weg am Rhein entlang. Der macht hier einen mächtigen Bogen. Sie stehen am mit Geröll und Kieselsteinen bedeckten Ufer und blicken über den Strom. Gegenüber eine Kaianlage. Ein Kran ragt empor. Hier haben zwei Schiffe festgemacht. Ein Öltanker fährt gerade rheinabwärts. Und weiter geht's auf dem Uferweg. Riesige Pappeln recken sich zum Himmel und knorrige Eichen, Sumpfgräben, mit Schilf bewachsen, lassen sie auf dem Weg bleiben.

Manche Bäume sind vom Sturm halb abgebrochen und zersplittert. Umgerissene Baumriesen lassen an bizarre Statuen denken.

Traudel balanciert auf einem, die Arme gestreckt, kichert und kreischt. Ein Ruderboot, ein Vierer ohne Steuermann, zieht am Ufer entlang stromabwärts und verschwindet schnell hinter der Biegung, und Walter erzählt wieder einmal den Witz von den Ruderern, die, weil sie ja stets rückwärts fahren, nie eine Wirtschaft ansteuern, weil sie diese erst sehen, wenn sie schon vorbei sind.

Das Ufer wird jetzt immer breiter. Die Flusskrümmung macht es flach. Die Kieselsteine singen. Baumstämme liegen herum, dickes Moos auf der Rinde. Zwei Raben wackeln wie Wasservögel am Ufer entlang und suchen nach Fressbarem. Als ihnen die vier Spaziergänger zu nahe kommen, fliegen sie krächzend auf und machen sich auf den Weg zum gegenüberliegenden Ufer.

Ein Containerschiff fährt stromab. Wellen schlagen an den Strand. Karla macht einen Satz nach hinten. Nasse Füße will sie nicht kriegen, nicht zu dieser Jahreszeit.

Sie kehren zum Uferweg zurück. Hier beginnt der Wassergraben, der den seltsamen Namen „Kilometerbahn“ trägt. Das Rheinufer wird nun immer steiler und schmaler, und Walter weist seine Begleiter darauf hin, kramt in seinen Geografiekenntnissen und spricht davon, dass jetzt eine Schlinge nach links folgt und das Ufer zum Prallhang wird und dass Tulla eben kein Unmensch war und nicht etwa den gesamten Rhein begradigt hat.

„Zum Glück!“, ruft Karla, die etwas zurückgefallen ist, aber zugehört hat.

Der Rhein wirkt nun wie ein See. In der Ferne sehen sie das Containerschiff von der Breitseite, gerade so, als sei es im Begriff zu wenden und zurückzukommen.

Sie erreichen das Ende der Insel. Große Überraschung. Der Steg über die „Kilometerbahn“ ist gesperrt. Da gibt’s kein Drüberkommen. Auf der anderen Seite steht ein Jogger. Der kann's genauso wenig fassen. Er dreht um und läuft zurück.

Jochen macht sich auf die Suche nach höher gelegenem Terrain. Sie steigen über verrottete Stämme und faules Geäst zur gegenüberliegenden Grabenseite und stehen bald an der Einmündung des Bellenkrappens.

Der Rückweg zur Kuckucksinsel führt durch dichten Auwald und ist kürzer als vermutet. In den hohen, kahlen Baumkronen sitzen Misteln und bilden grüne Kugeln.

Still ist es hier. Sie hören nur ihre Schritte auf dem weichen Boden. Weiße Blütenkissen hängen wie Baumwolle in den Sträuchern. Lianenartige Wurzeln schwanken an Baumstämmen, Efeu wuchert im Geäst.

Sie kommen aus dem Märchenwald zu einer schmalen Lichtung. Hier steht eine Bank, wohl die einzige auf der Insel. Die Überquerung des Grabens hat sie etwas ermattet, und sie lassen sich nieder. Walter holt den Flachmann aus der Manteltasche, nimmt einen Schluck und gibt ihn weiter. Karla schüttelt sich, Traudel und Jochen verziehen keine Miene.

Und weiter geht's. Das Abendrot taucht die Landschaft in ein geheimnisvolles Licht. Dort hinten scheint ihr Weg ins Nichts zu führen. Es dämmert. Zwei Frauen mit Nordic-Walking-Stöcken staksen an ihnen vorbei, und Jochen befürchtet, dass sein Freund Walter wieder seine übliche Frage stellt: „Hawwe se eich die Ski geklaut?" Aber er hat Glück, Walter schweigt.

Bäume stehen wie Gespenster im Zwielicht, Amseln schimpfen im Gestrüpp. Jetzt öffnet sich der Auwald und macht einer Lichtung Platz. Matt leuchtet eine Wiese in gelbgrünen Farbtönen. Mittendrin äsen zwei Rehe und laufen, nachdem sie die Wanderer bemerkt haben, Bocksprünge machend, zum Waldrand.

„Ein Reh bricht aus dem Wald", sagt Walter und stößt das entsprechende Würggeräusch aus. Karla schüttelt sich vor Lachen, bei Jochen und Traudel kommt's nicht so gut an, zu oft haben sie's schon von Walter gehört.

Schnurgerade geht der Weg über die Streuobstwiese. Die Apfelbäume stehen in Reihen wie Soldaten. Kurz vor dem Wasserstandshäuschen biegen sie nach links ab, dem Ausgang zu. Die Kuckucksinsel ist in der zunehmenden Dämmerung kaum noch auszumachen.

Über den Steg und zurück zum Parkplatz. Als sie das Stephanienufer erreichen, leuchten schon die Sterne. Der fast volle Mond steht tief und zaubert einen gelben, zitternden Streifen auf die Wasserfläche. Im Mondschein steht ein Denkmal: Stephanie von Baden.

„Ist das nicht die, die in Nizza mit ihr'm lange, rote Schal es Genick gebroche hat, weil er sich in die Radspeiche vun ihr'm Sportwage verwickelt hat?"

„Da bringst du was durcheinander, Walter. Hier steht die Großherzogin von Baden, 1860 in Nizza gestorben, aber da gab's noch keine Autos."

„Genau", ruft Traudel. „Recht hat sie, die gute Karla!" Sie steht auf einem Bein und kratzt mit einem Stöckchen Steine aus der Profilsohle. „Du verwechselst das mit der Tänzerin Isadora Duncan."

„Cannes Nizza sein", kalauert Walter und gibt sich geschlagen. „Gut, dass mir kä Speicheräder hawwe."

Stephanie lächelt, und man könnte meinen, sie schaue unseren vier Mannheimer Wandersleuten nach, die leicht fröstelnd in ihre Autos steigen und davonfahren.

Mannheimer Straßen

Die meisten Straßennamen in den Großstädten dieser Welt sind nach mehr oder weniger bedeutenden Persönlichkeiten oder nach Städten und Dörfern benannt. Auch in Mannheim ist das so. Doch die besondere Lage der Stadt an Rhein und Neckar, der sie vor über 400 Jahren ihre Gründung auf Befehl des pfälzischen Kurfürsten Friedrich verdankt, hat in den heute unzähligen Straßennamen ihre Spuren hinterlassen.

Beginnen wir mit dem Mühlauhafen. Dort gibt es die Anschrift An der Mühlauschleuse, die Rheinkai-, Binnenhafen- und die Kohlenstraße, die Rheinvorland- und die Landzungenstraße, Neckarspitze, Verbindungskanal und die Regattastraße, die an die alljährlich stattfindende Oberrheinische Ruderregatta erinnert.

Im Jungbusch, der Urzelle der Mannheimer Hafengeschichte, finden wir den Salzkai, die Neckarvorlandstraße, die fast bis zur Neckarspitze verläuft, und die Werftstraße. Nicht fehlen darf natürlich die Rheinstraße, welche die Planken nach Westen abschließt. Hier stand noch bis ins 19. Jahrundert das Rheintor.

In der Neckarstadt und auf der Friesenheimer Insel wohnt man in der Untermühlaustraße, der Damm- oder der Hochuferstraße oder geht zur Arbeit in der Mühlen-, Ölhafen-, Rheinrott-, Insel- und Lagerstraße oder An der Kammerschleuse.

Im Stadtteil Neckarau sucht man den Neckar vergeblich. Der Neckar veränderte seinen Lauf, und vor vielen Jahrhunderten machte er hier einen Bogen. Hier finden wir den Mühlweg, die Rhenania-, Rheintalbahn- und die Rheingartenstraße, den Rheinbad- und den einsamen Strandbadweg. An die vor der Rheinbegradigung häufigen Rheinschlingen und Inseln erinnern die Wörthstraße und der Stollenwörth sowie die Floßwörthstraße, im benachbarten Rheinau der Vordere Sporwörth und die Sporwörthstraße.

Auch im Stadtteil Lindenhof wird deutlich, dass man hier unmittelbar am Rheinufer lebt, so in der Rheindamm-, Rheinhäuser- oder der vornehm klingenden Rheinvillenstraße, am Waldparkdamm, der Rheinpromenade oder am Stephanienufer. Auch die Eichelsheimer Straße hat mit ihrer Lage am Rhein zu tun, stand doch im Mittelalter ganz in der Nähe die mächtige Zollburg Eichelsheim, in der sogar ein Papst während des Konstanzer Konzils im Kerker einsaß.

Im Stadtteil Sandhofen erinnert uns der Leinpfad an die ganz frühe Geschichte der Rheinschifffahrt, als man die Lastkähne noch mühsam mit Pferden oder Menschen am Ufer entlangzog.

Eine ganze Reihe von Mannheimer Straßen weisen uns darauf hin, dass der Stadtgründer Kurfürst Friedrich IV. („Bin schon wieder voll gewest!") die Lage am Zusammenfluss von Rhein und Neckar wohl nicht mit allen Konsequenzen bedacht hatte. Besonders der Neckar, der sich bei steigendem Rheinpegel gefährlich aufstaute, suchte sich in Schlingen und Bögen mehrmals ein neues Bett und richtete an den Festungsmauern und Wassergräben immer wieder schwere Schäden an. Viele Gebiete im Umland waren versumpft oder bildeten kleine Inseln, sogenannte Wörthe, woran z.B. die Straße am Pfeifferswörth oder der Stollenwörth erinnern.

Auch die nach einer Lache, also einem kleinen See benannten Straßen erinnern an die alten Zeiten, als der „Necker", wie er damals hieß, für viele „Feuchtgebiete" sorgte. Zu nennen sind die Herrlachstraße in Neckarau, der Harrlachweg in Neuostheim, die Fahrlachstraße in der Schwetzingerstadt, die Rohrlachstraße in Hochstätt und die Riedlachstraße in Sandhofen.

Ried, also ehemals mooriges Gelände, finden wir auch in der Neckarstadt mit der Herzogenried- und Riedfeldstraße. Und die altdeutsche Vorsilbe Meer- im Sinne von Sumpf deutet auf weitere, ehemals unsichere Untergründe hin, nämlich auf dem Lindenhof in der Meerfeld-, Meeräcker-, Meerwiesen- und Meerlachstraße.

Der Neckar, der in alten Zeiten wild und unberechenbar war und immer mal wieder Wassernot über seine Anwohner brachte, hat natürlich auch im Stadtteil Feudenheim seine Spuren hinterlassen. Zu nennen sind Neckarplatt, Neckargrün, Wasserbett und die Neckarstraße, die von der höher gelegenen Hauptstraße zum Neckar hinunterführt und am idyllischen Biergarten der Gaststätte „Zum Neckartal" endet.

In der Seckenheimer Gemarkung finden wir die Neckarplatten, und obwohl dieser Stadtteil keineswegs an der Nordsee liegt, gibt es hier die Straße Am Dünenrand und den Dünenweg.

Und die Neckarstadt, ein ganz besonderer Mannheimer Stadtteil, heißt so, weil die Bewohner der Quadrate dort drüben ihre Obst- und Gemüsegärten hatten, die sogenannten Neckargärten. Ein alter Mannheimer Kinderreim erinnert noch an diese Zeiten:

Wer kummt mit, iwwer die Brigg

Eppl hole, Frack versohle?

Tee um halb fünf

„Lies du!"

„Nein, lies du! Du hast mehr zu sagen als ich."

„Schmeichlerin! Fang du an!"

„Ich weiß nicht. Lies du!"

Wie jeden Freitagnachmittag zelebrieren Agathe und Felicitas in der Wohnung am Lindenhofer Rheinufer ihre literarische Teestunde und lesen sich gegenseitig Texte vor, die sie im Laufe der Woche geschrieben haben.

Agathe hat sich durchgesetzt, und Felicitas muss beginnen. Sie hat klein beigegeben, wie es ihre Art ist. Weit wird sie nicht kommen. Agathe wird unerbittlich nachhaken, schon nach dem ersten Satz.

Felicitas schlägt die Beine übereinander, greift nach der über ihrem Busen baumelnden Lesebrille, öffnet den rosaroten Aktendeckel, schaut noch einmal auf und fängt an.

„Ich hatte meinem Ficus benjamini vorgeschlagen, mehr in die Breite zu wachsen. Auf diesen Vorschlag ging er ein. Nun liegt er auf dem Komposthaufen."

„Stopp!", ruft Agathe. „Das ist bullshit!"

Vieles hat Felicitas schon erdulden müssen und klaglos hingenommen: Agathes Verrisse, Häme und Spott, kübelweise ausgeschüttet. Heute wehrt sie sich: „Pfui! Dass du dich nicht schämst!"

Und Agathe setzt nach: „Was ist dir lieber? Käse, Quark, Mist, Geschreibsel?" und ordnet mit dem Zeigefinger ihre Prinz-Eisenherz-Frisur.

„Du bist gemein!", sagt Felicitas. „Ich kann's ja ändern."

Agathe nickt leicht mit dem Kopf. „Ich höre."

„Also", beginnt die Vorleserin von Neuem: „Nachdem sie ihrem Pekinesen vorgeschlagen hatte, beim Atemholen nicht mehr zu röcheln, ging dieser auf den Vorschlag ein. Sein Grab im Garten ist ausgehoben."

„Lass meine arme Sissi aus dem Spiel! Jetzt wirst du geschmacklos, Felicitas!"

Die Gescholtene hat inzwischen einen Kuli ergriffen und macht Korrekturen. „Hast du nicht mal einen Ficus gehabt?", fragt sie und blickt über die Lesebrille. Wenn Blicke töten könnten.

„Das ist lange her", sagt Agathe. „Wieso fragst du danach?"

„Ist er eingegangen?"

„Ja, Felicitas, er ist eingegangen."

„Und warum ist er eingegangen, dein Ficus?"

„Weiß ich nicht. Auf irgendeinen Vorschlag meinerseits jedenfalls nicht. Ich mach doch einer Pflanze keinen Vorschlag. Bin ich verrückt?"

Felicitas lässt nicht locker. „Es gibt Leute, die sprechen mit ihren Zimmerpflanzen."

„Siehst du? Damit fängt es an!"

„Was fängt an?"

„Das Verrücktwerden", sagt Agathe. Sie hat die schmerzliche Erinnerung an ihr Hündchen schnell weggesteckt und ihre Angriffslust wiedergefunden.

Felicitas scheint nachzudenken. Nur das Pendel der Wanduhr ist zu hören, und dann ertönen fünf schrille Glockenschläge.

„Wem die Stunde schlägt“, sagt Felicitas und dann: „Denkst du manchmal noch an deinen letzten Ficus?“

„Ja, hin und wieder. Aber es geht hier nicht um meinen letzten Ficus, sondern um deinen Textanfang.“

„Ich find ihn gar nicht so schlecht.“

Agathe runzelt die Stirn und sagt: „Lies noch einmal die erste Fassung!“

Licht- und Schattenspiele auf dem Bellenkrappen.

Felicitas ziert sich.

„Na los!“, sagt Agathe.

Felicitas gehorcht.

„Agathe schlug ihrem Ficus benjamini vor, mehr in die Breite zu wachsen. Auf ihren Vorschlag ging er ein. Nun liegt er auf dem Kompost.“

„Die Homonyme haben’s dir angetan, liebe Felicitas. Können ja recht originell sein.“

„Homonyme! Wie gebildet du bist, liebe Agathe. Homonyme!“

Agathe kommt ins Dozieren. „Nennen wir’s Zweideutigkeit von Wörtern. Auf einen Vorschlag eingehen im Sinne von akzeptieren und eingehen im Sinne von verenden.“

„Wie gebildet du bist, Agathe. Den Ficus hast du allerdings übersehen.“

„Hab ich nicht. Dein Hang zum Schlüpfrigen ist mir bekannt.“

„Das sagt gerade die Richtige. Bullshit! So ein Wort nehm ich nicht in den Mund!“

„Man muss mit der Zeit gehen“, sagt Agathe und rückt die chinesische Zuckerdose zurecht.

Felicitas nippt an ihrem Tee. Sie spreizt dabei wie immer ihren kleinen Finger. Behutsam stellt sie die Tasse ab und glättet liebevoll ihre Blätter.

Die Herbstsonne fällt schräg durch das Fenster und taucht den Raum in ein mildes Licht. Nach draußen geben die schon fast kahlen Bäume den Blick zum Rhein frei. Ein Schubverband quält sich stromauf. Spaziergänger ergehen sich am Stephanienufer.

Felicitas räuspert sich und sagt: „Denkst du noch manchmal an ihn?“

Agathe schlägt die Augen nieder und atmet schwer. Zittert sie? Ja, ein wenig.

Und Felicitas setzt nach. „20 Jahre ist es nun her.“

„Ja, 20 Jahre.“ Agathe hat sich wieder gefasst. „Schon 20 Jahre liegt er unter der Erde.“ Sie nimmt die Teekanne, gießt nach und stellt sie behutsam aufs Stövchen zurück.

Felicitas unterbricht die eingetretene Stille und flüstert: „Auch er wär jetzt alt.“

„Ja, 75“, sagt Agathe und wird laut. „Er hat's verdient. Benjamin war ein Schwein!“

Felicitas nippt wieder an ihrer Tasse und flüstert: „Wie hast du's gemacht?“

Diese Frage hat sie noch nie gestellt in all den Jahren. Niemals. Nun ist sie heraus und steht im Raum wie früher der Ficus benjamini und noch früher Benjamin, der Ehebrecher.

Agathe greift nach der Zuckerdose und sagt: „Ich hatte eine Eingebung.“

„Strychnin?“, fragt Felicitas.

„Nein. Amanida phalloides“, sagt Agathe und klemmt die Zuckerzange um ein Stück Kandis.

„Phallo was?“, fragt Felicitas und rührt so heftig im Tässchen, dass es überschwappt.

„Phalloides“, wiederholt Agathe.

„Was ist das denn?“

„Knollenblätterpilze von der Reißinsel.“

Amerika

Draußen war es kalt. Unter den mit Raureif bedeckten Stahlprofilen hockten Ratten und putzten sich, ohne auf die Vorübergehenden zu achten. Oben noch letzte Sterne, hinter der Werkshalle ein matter Schein, die Vorboten der bald aufgehenden Sonne. Es war Januar. Januar 1947.

In der Werkstatt war es warm. Die Gluthitze des Elektroofens wärmte Erwins Arbeitsplatz. Erwin war 16 Jahre alt. Zu seinem letzten Geburtstag im November hatte ihm der Meister eine Skimütze und ein Paar Handschuhe geschenkt, gebrauchte, aber gut erhalten.

Am Kai des Industriehafens in Richtung Diffenébrücke.

Er spannte die Schnittplatte in den Schraubstock und glättete die Flächen des Durchbruchs. Hinter ihm stand ein Geselle an der Drehbank. Das surrende Geräusch der rotierenden Spindel übertönte das Knacken des Ofens und das feine Geräusch seiner Feile.

Sein Blick ging die Strecke der Fensterfront entlang, wo die Werkbänke, gleichsam aus einem Stück, standen, nur einmal von einer Bohrmaschine unterbrochen. Die in gleichem Abstand angebrachten Schraubstöcke gaben der Linie einen rhythmischen Takt, und die auf dem Betonboden liegenden Holzpritschen markierten einen Weg, der in die Meisterbude führte, einen quadratischen Raum, nach oben offen, lindgrün gestrichene Holzwände, der Eingang ohne Tür, vor dem Schreibtisch ein Fenster. Von hier konnte der Meister in die Werkstatt blicken.

Auch jetzt saß er am Tisch. Breit ruhte er dort, groß zeichnete sich sein Kopf mit dem schwarzen, streng nach hinten gekämmten Haar und der dunklen Hornbrille vor einem undeutlichen Hintergrund ab.

Der Meister rauchte. Erwin sah die Glut der Zigarette und die Rauchschwaden, die nach oben stiegen und über der Bude standen. Der Meister hatte ein Dach aus Rauch.

Er wandte sich wieder dem Werkstück zu. Gleichmäßig führte er die halbrunde Feile über den zähen Werkzeugstahl. Hatte er alles richtig berechnet? Stimmte der Winkel, war genügend Luft zwischen Schnittstempel und Durchbruch? Wieder nahm er die Schieblehre und maß die Abstände. Was bedeutete ein Zehntel Millimeter, verglichen mit der Strecke, die zwischen ihm und dem Meister lag? Waren aber seine Werkstücke in eine Stanzmaschine eingesetzt, dann war dieses geringe Maß riesig. Fehlte es, zerbrachen Stempel und Platte wie Glas.

Knarrende Schritte rissen ihn aus seinen Gedanken. Der Meister hatte seine Bude verlassen und kam auf ihn zu. Groß und breit stand er da und begutachtete das Werkstück. Dann nahm er den auf der Werkbank liegenden Schnittstempel. Mechanisch glitten seine Finger über den glatten, glänzenden Stahl. Tief beugte er sich über die ausgebreitete Blaupause. Für Sekunden verharrte sein Blick auf der abgebildeten Kettenlasche, um sich erneut Erwins Werkstücken zuzuwenden. Würde er Messungen anstellen? Schon schob sich seine rechte Hand zögernd in die Tasche seiner Kutte, brach aber in der Bewegung ab und kehrte zum Schnittstempel, der in seiner anderen Hand ruhte, zurück. Der Meister sah Erwin an, nickte ihm zu, machte einen Schritt zum Ofen hin, las die Temperaturskala ab, murmelte etwas, was Erwin als „noch zehn Minuten" deutete, und wärmte seine Hände.

Dann musste er das fehlende Arbeitsgeräusch des Hobelstahls bemerkt haben. Mit einer plötzlichen Wendung schritt er zur Maschine und stellte sie ab. Erwin wandte sich wieder seiner Arbeit zu.

Als er die Fensterfront entlang zur Bude schaute, und wieder kamen ihm die Schraubstöcke wie exakt berechnete Stationen vor, sah er den Meister am Tisch sitzen, gerade so, als sei er nicht aufgestanden, nie auf ihn zugekommen, über die knarrenden Holzprischen, habe nicht neben ihm gestanden, groß, breit, mächtig und wortlos.

Das Knacken des Ofens erinnerte ihn an seine Arbeit. Karl zog die speckigen Lederfäustlinge an, schob die Tür noch oben und legte die Werkstücke mit einer Greifzange in den rot glühenden Raum. Es war ihm, als blickte er in die Hölle. Die bis zur Weißglut erhitzten Heizstäbe deuteten wie riesige Finger auf ihn, und es schien ihm, als zerrten sie ihn hinein in die alles verschlingende Glut. Er hörte ein vielstimmiges Schreien, ein Chor klagender Stimmen steigerte sich zum Crescendo, und er sah Berge von Leibern zerge-

hen in einem feurigem Rachen. Ein Feuersturm hüllte ihn ein und riss ihn mit sich. Keine drei Jahre war es her, die Flieger waren über der Stadt, warfen ihre tödliche Fracht, die Brandbomben, und die Augartenstraße in der Schwetzingerstadt war ein Flammenmeer, und die Leute waren zerquetscht, erstickt oder verbrannt wie Fackeln, auch die Mutter und der Vater, der gerade auf Urlaub war, und er selbst hatte überlebt, fast unbeschadet. „Ein Wunder", hatten die Leute später gesagt.

Inzwischen wohnte und lernte er hier in der zerbombten und notdürftig wieder aufgebauten Maschinenfabrik am Industriehafen unter der Obhut des Meisters.

Schifferidylle vor Industrieanlagen der Friesenheimer Insel.

Erwin schloss die Augen und drückte die Tür nach unten. Wie betäubt hängte er die Zange an den Haken, zog die Fäustlinge ab und legte sie auf den Hocker. Sein Blick ging zur Meisterbude. Sie war jetzt leer.

Die Zeit des Wartens, bis er die Werkstücke härten konnte, wollte er nutzen. Er breitete die Zeichnung eines gut 60 Zentimeter großen Zahnrades aus und überschlug die Maße des Stahlblechs, das er zur Fertigung der Ausbrennschablone brauchte, zog die Fäustlinge über und ging zum Ausgang.

Draußen drang die kalte, mit Farbpartikeln durchsetzte Luft in seine Lungen. Der Vorplatz war ein überdachter Hof, wo eine Menge in der Blechschlosserei gefertigte Lüftungsapparaturen standen, die zwei in dicke Filzanzüge verpackte Arbeiter mit einer Spritzpistole lackierten. Genau genommen tat dies nur einer, denn der zweite war seiner Einfältigkeit wegen nur als Handlanger zu gebrauchen.

Erwin ekelte sich vor deren Arbeit. Die Kälte und der Farbnebel nahmen ihm den Atem, und er versuchte, den Hof möglichst schnell hinter sich zu lassen.

Doch der Einfältige sprach ihn an. Erwin erhielt den Auftrag, eine Spritzpistole, deren Scharnierdeckel abgebrochen war, zu reparieren. Er versprach, sich später darum zu kümmern.

Die beiden Männer schienen ihre Arbeit zu lieben. „Schön wird's", sagte er zu dem mit der Spritzpistole, der gerade ein würfelförmiges Blechgehäuse lackierte. Der Angesprochene schob die Atemmaske herunter und meinte: „Hammerschlaglack". Und dabei lachte er.

Erwin sah noch einmal auf den defekten Farbzylinder und wandte sich zur Kellertreppe, die ins Lager unter der Stanzerei führte. Der mit Mergel aufgeschüttete Boden knirschte unter seinen Schritten. Er fand eine geeignete Platte und trug sie nach oben.

In der Werkstatt waren inzwischen auch die übrigen Kollegen bei der Arbeit. Er ging von einem zum anderen und grüßte. Die Männer wohnten nicht im Werk, sondern auf der anderen Seite des Hafenbeckens.

Er legte das Stahlblech auf die Werkbank, körnte den Mittelpunkt, stellte den Stangenzirkel auf Maß und begann mit dem Anreißen.

Das Knacken des Ofens erinnerte ihn abermals an die andere Arbeit. Er schob die Tür auf und sah die Werkstücke in hellem Rot glühen. Als er nach der Zange griff, war ihm, als stehe jemand hinter ihm. Er drehte sich um und blickte in das Gesicht des Meisters, keinen Meter von ihm entfernt. Die Glut des Ofens spiegelte sich in dessen Brillengläsern. Wie festgewachsen stand er da, die Arme verschränkt.

Erwin holte die glühenden Werkstücke heraus und tauchte sie in die Ölwanne, wo sie zischend versanken und mit einem dumpfen Schlag auf das Gitter fielen. Dabei stieg dunkler Qualm auf, der sich in seinem Gesicht niederschlug. Die beiden Stahlplatten, die er später zum Anlassen der gehärteten Teile brauchte, ließ er im Ofen. Noch immer arbeitete der sich abkühlende Stahl. Luftblasen stiegen auf und zerplatzten wie in Zeitlupe. Er drehte sich um. Der Meister war fort.

In der Frühstückspause ging er zu seiner Behausung. Die war oben im Giebelhaus über der Schreinerei. Das Fenster ging zum Hafenbecken. Wenn es am Morgen dämmerte, verließ er manchmal sein Bett und beobachtete die Sonne, wenn sie als großer Feuerball hinter den Ruinen des Luzenbergs hoch kam.

Der Meister wohnte schon lange auf dem Werksgelände. Keiner konnte Erwin sagen seit wann, und es schien ihm, dass er schon immer hier gewesen sei. Es kam ihm vor, als hätte der Meister das Land zwischen Hafenbecken und Rhein nie verlassen. Ein Arbeiter hatte ihm gesagt, der Meister habe auch den Krieg hier verbracht und die Aufsicht über die Produktion von Waffen gehabt. Manche wollten wissen, dass er damals drüben auf dem Festland gewohnt habe, auch habe er damals eine Frau gehabt.

Nur sonntags verließ der Meister das Werk. Erwin schaute ihm dann hinterher, wie er mit großen Schritten am Hafenkai entlang ging und unter der Drehbrücke verschwand.

Auf dem Rückweg zur Werkstatt wollte er die defekte Spritzpistole mitnehmen. Neben den beiden Männern in den Filzanzügen arbeitete der Kistenschreiner, ein Mann, dem Erwin aus dem Weg ging. Er ummantelte gerade mit Brettern einen der schon trockenen Gehäuse. Die Hammerschläge hallten von den Wänden. Der Einfältige wollte mit einer Schablone die für den Transport bestimmten Zeichen aufmalen, erhielt aber vom Schreiner einen Stoß, der ihn zu Fall brachte. Lautlos die Lippen bewegend sah er Erwin an, als erwarte er dessen Beistand, doch war der Junge wie gelähmt. Der Gestürzte griff nach der Schablone und hielt sie ihm hin. Erwin nahm sie und half ihm auf.

Der Schreiner hatte unterdessen die Deckplatte festgenagelt und ging ab. Dies war das Signal für den Einfältigen, die Schablone anzulegen und an den vier Seitenflächen die Schriftzüge aufzutragen. Dann schob er einen Rollwagen unter die auf einer Palette stehende Kiste und bat Erwin mitzukommen. Der Lehrjunge wollte ablehnen, doch dachte er an die Laderampe, wo das Hafenbahngleis in das Werksgelände einbog. Er nickte dem Einfältigen zu.

Auf dem betonierten Weg, auf dem die stählernen Räder kreischten, forderte ihn sein Begleiter auf, sich auf den Wagen zu setzen. Dabei lachte er laut und sinnlos, und Erwin dachte an einen Wintertag mit Schnee, Jahre zuvor, wie er auf einem Schlitten gesessen hatte. Unter den Kufen knirschte der Schnee, und wenn er sich umdrehte, entdeckte er deren Spuren, und vor sich sah er seinen Vater, der ihn durch die weiße Landschaft zog.

Dann hatten sie die Laderampe erreicht. Während sein Begleiter die Last hart am Rand absetzte, stand Karl unten auf der letzten Eisenbahnschwelle und blickte die Gleise entlang, die in einer leichten Krümmung ins Hauptgleis einbogen, das nordwärts verlief, dann nach rechts schwenkte zur Drehbrücke, wo es sich im Dunst verlor.

Plötzlich stand der Einfältige neben ihm und streckte eine Hand nach vorn.

„Amerika!", rief er, „hier geht's nach Amerika!"

Erwin legte ihm einen Arm um die Schulter und nickte. Noch einmal rief der Einfältige: „Amerika!" Und dabei lachte er.

Als Erwin in die Werkstatt zurückkehrte, umfing ihn das vertraute Geräusch der Werkzeuge und Maschinen. Der Pole stand an der Drehbank und lächelte ihm zu. Er wollte das Anreißen der Ausbrennschablone fortsetzen, doch draußen waren seine Hände kalt geworden, und er ging zum Ofen, um sie zu wärmen.

„Träumst du, Erwin?"

Der Meister stand vor ihm, die Hände in den Taschen seiner Kutte vergraben. Mild klang seine Stimme, und mit der ausgestreckten Hand strich er leicht über Erwins Kopf.

Dies gab Erwin Mut, und er stammelte: „Übermorgen ist Sonntag. Dann geh ich über die Brücke. Können wir nicht zusammen ..."

„Das machen wir, Erwin. Nur wir zwei. Am Sonntag gehen wir über die Brücke."

Der Meister verließ die Werkstatt. Erwin bückte sich leicht nach vorn, hielt seine Hände zwischen die Knie und rieb sie aneinander. Er freute sich.

Auf dem Neckardamm

Wiesen liegen breit und eben
Durch die Pappeln weht der Wind
Auf dem Wege hüpft ein Kind
Freut sich an dem stillen Leben

Sieht der Möwe großen Flug
Ahmt ihn nach mit schwachen Schwingen
Glaubt ganz fest an ein Gelingen
Gibt es Wunder doch genug

Und es segelt weit und frei
Reckt den Kopf und biegt den Rücken
Lächelt selig vor Entzücken
Stolpert manchmal nur dabei

Steigt hinauf zum Himmel hoch
Schwebt schon über allen Wegen
Wär da nicht ein Stein gelegen
Schlägt ins Bein ein blutend Loch

Alles Hoffen, alles Sehnen
Froh zu sein und leicht und frei
Ist mit einem Mal vorbei
Rinnt herab in seinen Tränen

Amicitia heißt Freundschaft

Dass man nicht ständig an den Ufern von Rhein und Neckar ein Ruderboot mit oder ohne Steuermann, respektive -frau sieht, hat mehrere Gründe. Nicht, dass es in Mannheim keine Ruderklubs gibt, von ihnen wird gleich die Rede sein. Zum einen liegt es daran, dass die muskulösen Wassersportler so viel Speed draufhaben, dass sie, kaum hat man sie entdeckt, schon wieder vorüber sind. Zum anderen ist der Grund darin zu suchen, dass Rudern wegen der nicht gerade billigen Ausrüstung und des großen Aufwands ein elitäres Image anhaftet.

Die ersten Rennboote, jene langen, schmalen „Geschosse" mit glatter, äußerst dünner Außenhaut ohne Kiel, nur mit einer Kielflosse ausgestattet, tauchten in den 70er-Jahren des 19. Jahrhunderts auf und begründeten den Ruf der Hafenstadt an Rhein und Neckar als Stadt der Ruderer und Skuller. Immerhin gibt es hier drei große Rudervereine. Der älteste ist der Mannheimer Ruder-Club von 1875, der mit 20 Mitgliedern als Ruderabteilung des alt ehrwürdigen Mannheimer Turnvereins 1846 eine ungewisse Zukunft begann. Schon ein Jahr später machte er sich selbstständig und bezog sein erstes Bootshaus auf dem Neckarvorland. Der Anfang war alles andere als großartig, handelte es sich doch nur um einen aus Brettern zusammengezimmerten Schuppen. Erst im Jahre 1906 zog der Ruder-Club mit seinen inzwischen über 600 Mitgliedern an die Rheinpromenade beim Schnickenloch, wo er bis heute sein Domizil hat.

Amicitiaboote vor der Maulbeerinsel.

Nur ein Jahr später als der Mannheimer Ruder-Club, nämlich 1876, gründeten neun Mannheimer Freunde den Mannheimer Ruderverein „Amicitia“. Ihr erstes und zunächst einziges Boot kauften sie 20 km neckaraufwärts beim Heidelberger Ruderclub und tauften es auf den Namen „Mademoiselle Augot“.

Zwei Jahre später hatte der immer größer werdende Verein genügend Geld und errichtete an der Neckarbrücke (heute Kurpfalzbrücke) unterhalb der Feuerwache ein ansehnliches Bootshaus. Er verpflichtete einen englischen Trainer, der bei den Regatten bald für erste Erfolge sorgte.

Im Jahre 1882 mussten die Sportkameraden dann die bittere Erfahrung machen, dass man nicht so nah am Wasser bauen sollte, denn ein Hochwasser machte ihre Unterkunft und viele Boote zu Kleinholz. Die Sportkameraden krempelten die Ärmel hoch und bauten ein neues, festeres Bootshaus, jetzt sogar mit Wirtschaft, denn durstig sind Ruderer immer.

Mit dem MRC hatte man längst den Mannheimer Regattaverein gegründet, der alljährlich die Oberrheinische Ruderregatta im Mühlauhafen veranstaltete. Schon bei der zweiten im Jahre 1879 siegte der Amicitia-Sechser mit Steuermann, wie die Vereinschronik nicht ohne Stolz berichtet. Noch während der Kaiserzeit bildete die „Amicitia“ eine Gymnasiastenabteilung, die sich aus ruderbegeisterten Schülern des Mannheimer Realgymnasiums rekrutierte. Ab 1909 startete man auch im Ausland, so unter anderem in der Schweiz, in Holland und Italien.

Kurz vor dem Ersten Weltkrieg, der nur schwer zu schließende Lücken im Verein reißen sollte, hatte die „Amicitia“ den besten Jugend-Achter im Deutschen Reich. Nach dem Krieg begann die Emanzipation des weiblichen Geschlechts. Man gründete eine Damenabteilung, das Rennrudern war nun keine Männerdomäne mehr.

Was nun folgte, war die große Zeit der „Amicitia“. 1930 feierten die Freunde vom Neckarufer gleich drei deutsche Meistertitel, 1932 errang der Vierer ohne Steuermann die Silbermedaille bei den Olympischen Spielen in Los Angeles, vier Jahre später holte der Vierer gar die Goldmedaille bei den Olympischen Spielen in Berlin im Jahre 1936. Kaum ein Jahr verging, in dem man nicht weitere Titel bejubeln konnte.

Der Vorgängerbau des heutigen Bootshauses am Fernmeldeturm entstand 1913 am Paul-Martin-Ufer. In den Bombennächten des Zweiten Weltkrieges arg ramponiert, wurde es von den amerikanischen Besatzern beschlagnahmt. Die Amis zeigten sich dabei

zunächst gar nicht als „Freunde", rissen sie doch das gesamte Mobiliar mitsamt den Booten heraus und übergaben es dem Feuer. Doch ein Verein mit dieser Tradition lässt sich nicht unterkriegen. 1949 gaben die Amerikaner das Gebäude frei. Der sportliche Neuaufbau konnte beginnen.

Die bekanntesten Sportler, die aus der „Amicitia" hervorgingen, sind Hans Bichelmeier und allen voran Jochen Meißner. Als Steuermann holte Bichelmeier, später Träger des Mannheimer Bloomaulordens, insgesamt drei deutsche Meisterschaften und sorgte als international bekannter Trainer für Erfolge am Band.

Weit über Mannheim und Deutschland hinaus wurde der begnadete Skuller Jochen Meißner bekannt, der in den 60er- und 70er-Jahren den Ruhm Mannheims mehrte. Nach den Jahr für Jahr errungenen deutschen Meisterschaften im Einer krönte er seine Laufbahn 1965 mit der Europameisterschaft in Duisburg und 1968 mit der

Bootstaufe beim Mannheimer Ruder-Club.

Silbermedaille bei den Olympischen Spielen in Mexiko. Fest steht: Einer der besten Skuller der Welt kommt von der Mannheimer „Amicitia“.

In Sichtweite des 1956 erstellten Bootshauses der Mannheimer Rudergesellschaft Baden, besser unter dem Kürzel Maruba bekannt, liegt das schmucke Amicitia-Bootshaus am Neckarufer vor dem Luisenpark. Im 2. Stock gibt es ein feines Restaurant mit Terrasse zum Neckar hin, ein beliebter Ort, wo schon unzählige Leute aus der Region ihren runden Geburtstag gefeiert haben.

Und das Rudern, so haben wir nun gelernt, gehört zu Mannheim wie der Rhein, der Neckar und der Mühlauhafen. Und wenn bei einer Regatta ein Boot der „Amicitia“ am Start ist, dann hallt auch weiterhin der traditionelle Schlachtruf der Anhänger über die Wogen: „Zizia, Zizia!“

Neckar-Elegie

Auf tritt die Nacht
Im schwarzen Gewand
Hält ihre Wacht
Im Niemandsland.

Über den Hang
Ducken sich Weiden
Blätterarme hängen so bang
Beweinen Trauer und Leiden.

Fischlaich wabert und quellt
Wo die Götter sprachen den Eid
Am Styx in der Unterwelt
Unverbrüchlich für alle Zeit.

Drüben steht eine dunkle Gestalt
Ein Mann lehnt am Steg und schaut hinüber
So müde, so alt
Charon, hol über.

Biergarten Neckarstraße

„Mein Vater war Zellenleiter", sagt M. „Ein ganz kleines Licht", und ich denke: Zellenleiter, Gefängnis, Konzentrationslager, aber nur kurz, dann richtig: Führerprinzip, Befehlspyramide, vom Führer bis hinunter zum letzten Befehlsempfänger, zu den Blockwarten und eben auch: Zellenleitern. M's Vater war wohl damals für eine Straße zuständig gewesen.

Wir sitzen im Biergarten am Ende der Neckarstraße unter blühenden Kastanienbäumen. Wir vier, gestandene Männer, alle Mitte 70, treffen uns vier-, fünfmal im Jahr, meistens hier, wo wir aufgewachsen sind. Noch vor einer halben Stunde waren wir drüben auf der Maulbeerinsel, und M. hat uns an die 1945 gesprengte Brücke erinnert und die in die Erde einbetonierten Flakstellungen und uns gefragt, ob wir uns an die Leute erinnern, die noch bis 1947 in diesen Löchern gehaust haben.

Nicht, dass wir immer von früher erzählen, aber heute ist es wohl so.

Ich habe gar nicht mehr zugehört. Passiert mir schon mal. Ein Wort ist der Auslöser. Ich beiß mich daran fest, kaue es gewissermaßen semantisch. Wörter kauen, guten Appetit! An manchen verdirbt man sich den Magen. Zellenleiter!

Am Pils trinken, wieder zuhören.

„Ich geb's ja zu", sagt H. „So ne kleine Nummer war mein Vater nicht." Und weil M. jetzt einigen Stoff intus hat - schätze so drei, vier Pils - wird er kess: „Nein, war ne große Nummer, dein Vater, ein kleiner Goebbels! Ein großer Redner, mein Vater hat's oft erzählt, keine Parteiveranstaltung ohne ihn, Redakteur im Hakenkreuzbanner, mein Vater hat ihn bewundert. Wie der reden konnte,

Altneckar zwischen Maulbeerinsel und Neuostheim.

dein alter Herr, frei, ohne Ablesen. Und wenn er laut wurde, und er wurde oft laut, dann sprangen alle von den Stühlen auf und johlten und reckten den rechten Arm. Mein Vater hat's mir erzählt."

Und H. wird nun ganz nachdenklich. Kopf auf den linken Arm gestützt, sein Bier rührt er nicht mehr an. Fingert mit dem freien Arm an seinen spärlichen Haaren am Hinterkopf. „Was du alles weißt. Mehr als ich. Mein Vater hat nie was erzählt."

Dann wieder M. Die „kleine Nummer" muss ihn getroffen haben. M. also: „Der hat gewusst, warum er nichts erzählt hat. Kleine Nummern haben erzählt. Minderbelastete, geirrt, verblendet – ja – mitgelaufen, aber nicht vorneweg!"

Und jetzt wieder H., die Unterlippe nach vorn geschoben, die Augen zu Schlitzen verengt – verblüffend die Ähnlichkeit mit seinem Vater: „Das hat er büßen müssen! Aus dem Schuldienst entlassen für Jahre. Interniert, dann Gefängnis."

Väter und Söhne, die alten Geschichten. Ich fass es nicht. Ich halt mich raus und an mein Bierglas.

Jetzt bläst aber M. die Backen auf. Ganz rot läuft er an und wird laut. „Da war mein Vater nicht dabei. Er kam erst am anderen Tag hin, das hat er erzählt. Die Trümmer rauchten noch. Traurig war er nicht. Es war ja niemand zu Schaden gekommen. Der Synagogendiener und dessen Frau wurden für ein paar Tage in Schutzhaft genommen."

Und mir fällt ein: Mein Schulweg, vier Jahre lang, die Neckarstraße. Der Platz vor dem Schulhof, eingeebnet, von einer kaum meterhohen Mauer aus Sandstein eingefasst, ein rostiges, quietschendes Eisentor. An der Wand des Nachbarhauses eine Gedenktafel: Hier stand bis zum 9. November 1938 ...

Da meldet sich zum ersten Mal L., der Vierte in unserer Runde. „Was ist eigentlich aus dem Synagogendiener und seiner Frau geworden, weiß das einer?"

Und H. nickt vielwissend. Schulterzucken. Miene des Bedauerns.

L. hat nun seinen Gesprächsstoff gefunden und kartet nach. „Haben die das gewusst, eure Väter, was man mit denen gemacht hat?"

Wieder Schulterzucken. Dann H.: „Er hat immer Nein gesagt, wenn ich ihn gefragt hab, doch geglaubt hab ich's ihm nicht." Und M. pflichtet bei. Gleiche Auskunft.

Ich fühle mich unbehaglich und sage: „Lasst doch das alte Zeug! Das ist 70 Jahre her!"

Das Gespräch bricht ab. Jeder schaut in sein Glas. H. schüttelt sich, als wolle er etwas loswerden und sieht mich an.

Allgemeiner Aufbruch. Auf dem Parkplatz L. beim Einsteigen: „War ja gespenstisch heut! Fangen die mit den uralten Geschichten an! Rollen die Weltgeschichte im Biergarten auf!"

Wir fahren ab. Zurück bleibt der Biergarten am Ende der Neckarstraße.

Bootsfahrt mit Hindernissen

Hinterher ist man meist schlauer als zuvor. Allen voran Fadenregen hatte diese Erfahrung gemacht. Es war die Bootsfahrt im letzten Jahr, ein Erlebnis, das er vergeblich aus seinen Erinnerungen zu tilgen versuchte. Vielleicht wäre es ihm auch gelungen, wenn nicht sein Freund Kohlenbrenner immer wieder daran gerührt hätte. Auch er war mit von der Partie gewesen, hatte die Ereignisse auf jenem Boot aber ganz anders empfunden als Fadenregen, auf dem die Reise noch jetzt wie ein Albtraum lastete.

Was hatte ihn nur geritten, sich auf dieses Abenteuer einzulassen? Kohlenbrenner hatte ihn dazu überredet. Fadenregen sah die Szene vor sich. Es war im April. Ein Hauch von Sommer lag über dem Odenwald und dem Turm auf dem Eichelberg, vor dem sie nach 20 km Gewaltmarsch eine Rast einlegten.

Es war die große Runde: Wunsdorf, Röthinger, Kohlenbrenner, Fadenregen und eben Mittenzwei, Hans-Hermann Mittenzwei, der Freund aus alten Pfadfindertagen, Endsechziger, ehemaliger Apotheker, der in den 70er- und 80er-Jahren viel Geld gemacht hatte, und außer einer Jagdhütte im Schwarzwald auch ein Haus an der Côte d'Azur stehen hatte.

Mittenzwei war Mittenzwei. Er hatte ein Boot hinter der Diffené-brücke liegen, schon in die Jahre gekommen, nicht auf dem neuesten Stand. Aber er hing daran und blockte seit Jahren alle Einwände seiner Frau Anna-Luise und seiner Skipperkollegen vom Jachtclub ab.

Es war ein Segelboot, x-mal gestrichen, ausgebessert, instand gesetzt und überholt. Möwe stand in blauen Lettern am Bug. Es gab eine enge Kajüte, zwei Schlafboxen, eine Mini-Bordküche und sogar eine Toilette.

Früher war er mit seiner Frau jeden Sommer auf den Altrheinarmen gekreuzt. Anna-Luise weigerte sich inzwischen beharrlich, noch einmal einen Fuß auf die Möwe zu setzten. Sie war ihr zu alt, zu eng, zu marode, zu unspektakulär. „Ein Boot für's Museum“, nannte sie es, das er schon längst hätte verkaufen sollen, aber wer kaufe denn ein solches Wrack, an dem man ständig herumbasteln müsse? Und die anderen Skipper würden es belächeln, meinte sie, Hans-Hermann würde die Augen davor verschließen, so sei es, und es hatte sich ausgeschippert mit Anna-Luise.

Mittenzwei blieb unbeirrt. Seine Anna-Luise ersetzte er abwechselnd durch einen seiner Bekannten. Alle waren sie schon auf der Möwe mitgefahren, am häufigsten Röthinger und Wunsdorf, Kohlenbrenner nicht ganz so oft, Fadenregen nur zwei-, dreimal. Mittenzwei war ihr Lehrmeister gewesen und hatte sie in die Geheimnisse der Nautik und der Vorschriften auf Binnengewässern eingewiesen. Sie konnten Backbord von Steuerbord unterscheiden, die Segel setzen, bei Wende und Halse ihren Mann stehen, gegen den Wind kreuzen und das Vorsegel bedienen. Ans Ruder ließ Mittenzwei keinen. Da blieb er stur. Er war der Skipper. Das wäre ja noch schöner gewesen! So viel Ordnung musste sein.

Und nun hatte sich der große Kapitän in den Kopf gesetzt, die Möwe ins Mittelmeer zu expedieren. Das Haus und der Yachthafen an der Côte d'Azur lockten ihn. Dort sollte sie ihren neuen Heimathafen bekommen und ihm zwischen Juan-les Pins und St. Tropez noch unvergessliche späte Lebensjahre schenken.

Und genau darum ging es bei jener Brotzeit auf dem Eichelberg Ende April letzen Jahres. Mittenzwei tat seine Pläne kund. Man könne seine Möwe auf dem Wasserweg zur Mittelmeerküste schaffen. Er habe auch schon eine Route entworfen. Den Rhein hinauf bis Straßburg, dort in den Rhein-Marne-Kanal abbiegen, dann den Kanal zur Saône befahren bis Lyon und die Rhone hinuntertuckern zum Mittelmeer: ein Abenteuer, von dem sie bis an ihr Lebensende erzählen würden.

Kohlenbrenner brachte den Uraltfilm „Drei Mann in einem Boot" ins Spiel und verglich Mittenzwei mit Heinz Ehrhart, was dieser gar nicht lustig fand. Kohlenbrenner wiegte den Kopf und meinte: „Was du da sagst, das hat was. Das ist fast eine Expedition."

Mittenzwei hatte aber schon längst Wunsdorf und Röthinger als seine Mitpartikulare ausgeguckt, seine gelehrigen Schüler, die im Gegensatz zu Fadenregen und Kohlenbrenner manche Nacht mit ihm auf der Möwe verbracht hatten. Bei Regen und Kälte hatte sie die Buddel Rum, die Mittenzwei immer an Bord hatte, gewärmt, und das Seemannsgarn war ihnen nie ausgegangen.

Bei seinen zwei Auserwählten biss er allerdings auf Granit, sodass er sich nun vehement auf das Werben um die Gunst von Kohlenbrenner und Fadenregen verlegte, und ihnen das bevorstehende Abenteuer wortreich ausmalte. Kohlenbrenner war schnell gewonnen, dem fiel ja in seinem Penthouse am Lindenhofer Rheinufer noch die Decke auf den Kopf. Fadenregen war nicht so leicht zu überzeugen. Der ewige Bedenkenträger stellte viele Fragen über den Zustand der Möwe, befürchtete ein Kentern bei Sturm, Kollisionen mit Motorschiffen, mangelnde Verpflegung an Bord und Spannungen, die bei drei Männern ihres Alters, zusammengepfercht auf so engem Raum, durchaus aufkommen könnten. Fadenregen sprach das aus, was auch Wunsdorf und Röthinger dachten. Doch die beiden schwiegen, taktisch klug alle beide und froh, ihren Kopf aus der von Mittenzwei ausgelegten Schlinge gerettet zu haben.

Auf dem Rückmarsch gingen die künftigen Skipper nebeneinander, Mittenzwei in der Mitte, wie ein Wasserfall redete er auf seine beiden Matrosen ein, nannte fremd klingende Ortsnamen, Schleusen und Landschaften, sprach von idyllischen Liegeplätzen an historischen Orten und landestypischen Produkten, die sie in der Kombüse zu einem exquisiten Mahl verarbeiten würden.

Wunsdorf und Röthinger gingen hinter den drei zukünftigen Flusskreuzfahrern und amüsierten sich, einig in der Meinung, mit Mittenzweis Kenntnissen sei es nicht weit her. Wie oft hatten sie mit ihm misslungene Manöver nach falschen Kommandos mitgemacht und seine Unfähigkeit bei der Beseitigung technischer Probleme erlebt. Im Reden war dieser Mittenzwei ein Meister. Da vorn ging er und schwadronierte und beeindruckte mit nautischen Fachwörtern seine zwei Begleiter.

„Ob das gut geht, ich weiß nicht“, meinte Röthinger, und Wunsdorf polterte: „Eine Schnapsidee ist das, mit dem alten Kasten loszufahren. Verrückt ist das, total verrückt! Der spinnt, der Mittenzwei. Der spinnt ganz gewaltig!“

Auch wenn die drei Bootsmänner dies vernommen hätten, beeindruckt wären sie davon nicht gewesen. Die Sache war abgemacht. Am 14. Mai war Abreisetag.

Der genaue Ablauf jener Bootsfahrt war später nur mühsam zu rekonstruieren. Zu widersprüchlich waren die Schilderungen der Bootsbesatzung.

Für Kohlenbrenner stand schon kurz nach dem Auslaufen fest, dass die Mission zum Scheitern verurteilt war. Als die Möwe aus dem Sandhofener Altrhein stromauf in den Rhein einbog, bemerkte er an der rapide abnehmenden Geschwindigkeit deren schwache Motorleistung. Nur ein Blick zur Neckarspitze ließ ihn ahnen, dass sie vorwärtskamen. Mittenzwei schien davon unbeeindruckt. Breitbeinig stand er am Steuerrad, selbstbewusst, ein Kapitän, der alles im Griff zu haben schien, Mittenzwei, wie er leibte und lebte, vor allem leibte, eine Karikatur von einem Segler, ein Pykniker mit Schmerbauch und Specknacken, im Segler-Outfit von Lands' End aus dem Katalog, schmuck anzusehen in Blau und weiß und mit den diversen Logos und Seglersymbolen wie Anker und Steuerrad verziert. Beim Einbiegen in den Strom kam ihnen ein riesiges holländisches Containerschiff mit beängstigender Geschwindigkeit entgegen, tutete wie verrückt, und Mittenzwei war unsicher, ob er es steuer- oder backbord passieren lassen sollte. Der Holländer auf dem Führerstand kam aus der Tür, schrie irgendwelche Schimpfworte und reckte den Mittelfinger. Hart schlugen Wellen gegen den Rumpf der Möwe. Kohlenbrenner klammerte sich an den Mast, während der kühn dreinschauende Mittenzwei die Anilin ansteuerte und gerade noch rechtzeitig das Steuerrad herumriss, um nicht am hoch aufragenden Kai zu scheitern. Ein Brecher hatte das Deck überspült, und ein Schwall war in die Kombüse hinuntergeschwappt, aus der Fadenregen wie ein begossener Pudel hervorlugte und die dämliche Frage stellte: „Ist irgendwas nicht in Ordnung?“, worauf er gleich wieder nach unten entschwand, um mit dem Auspacken und Einordnen seiner Reiseutensilien fortzufahren. Mittenzwei behielt Haltung, hielt dem bohrenden Blick von

Kohlenbrenner stand und wies ihn mit den Worten zurecht: „Was guckst du? Hol endlich die Fender ein, das hab ich dir schon vorhin gesagt! Muss ich alles selber machen?“

Das konnte ja heiter werden, dachte der so Zurechtgewiesene. Ein unfähiger Kapitän und zwei Landratten auf großer Fahrt, die soeben, kaum dass sie begonnen hatte, beinahe in einer Katastrophe geendet war. „Mein lieber Mittenzwei!“, sagte Kohlenbrenner und machte sich ans Einholen der Fender. Mittenzwei steuerte das Boot in ruhiges Fahrwasser nah am Ufer entlang, summte vor sich hin und schien mit sich und der Welt zufrieden.

Nach der Beinahe-Kolission kämpfte sich die Möwe mühsam aber stetig den Rhein stromauf. Es wurde warm. Der Sonnenball stieg und trocknete das Deck. Kohlenbrenner pumpte unter Anleitung des Steuermanns das eingedrungene Wasser aus der Kajüte, wo Fadenregen seine Arbeit mit Pedanterie beendet hatte, barfuß auf der Bank saß und sich um nichts um ihn herum kümmerte, sondern über Handy seiner Frau Katja exakte Anweisungen zur Gartenbewässerung gab. „Schönen Gruß“, brummte Kohlenbrenner und schlüpfte durch den Durchlass nach oben.

Auwald glitt vorüber, die Einmündung des Rehbachs und die Giganten des Neckarauer Großkraftwerks, dann wieder die Saumpfade vor den Pappelwäldern. Kohlenbrenner durfte, wenn keiner sie überholte oder entgegenkam, das Steuerrad übernehmen, von Mittenzwei mit Argusaugen überwacht „Mittenzwei, du Pflaume!“, sagte er, und der: „Hast du was gesagt?“ Und Kohlenbrenner: „Hab ich was gesagt?“

Eine Mittagspause wurde nicht eingelegt. „Wir müssen Strecke machen. Bis Straßburg ist es noch weit und dauert. Die Strömung wird stärker.“

Die drei Schiffer aßen Sandwichs und tranken Bier, nur Fadenregen wollte keines und nuckelte aus seiner Eistee-Plastikflasche. Ganz vorn saß er im Schneidersitz auf den Holzplanken, mit gerecktem Hals den Fahrtwind genießend. Die beiden anderen betrachteten ihn, Kohlenbrenner nickte, Mittenzwei schüttelte den Kopf. Was sie dachten, behielten sie für sich. Vorläufig jedenfalls.

Ob sie nicht die Segel setzen sollten, wollte Fadenregen wissen, was die beiden Bootsmänner mit Gelächter quittierten. „Flaute, absolute Flaute“, rief Kohlenbrenner. „Kalme“, ergänzte Mittenzwei.

Dann ging alles sehr schnell.

Der Motor streikte, hatte Aussetzer, drehte plötzlich wie verrückt, stank und qualmte und gab mit einem ohrenbetäubenden Knall seinen Geist auf.

Die drei Flussschiffer hatten Glück im Unglück, denn der Kollateralschaden ereignete sich an günstiger Stelle, nämlich genau dort, wo der Otterstädter Altrhein einmündet. Geistesgegenwärtig nutzte Mittenzwei den letzten Schub, drehte das Steuerrad steuerbord und ließ die Möwe in das ruhige Fahrwasser der Rheinschlinge gleiten.

Der Kapitän stand am Steuerrad, das heißt, von Stehen konnte keine Rede sein, er kauerte, nur noch ein Schatten seiner selbst, leichenblass, das Gesicht versteinert, doch noch immer Kommandos gebend, zwar leise, aber zwingend. Seine zwei Matrosen hatten sich mit den Stechpaddeln bewaffnet und sorgten für das weitere Fortkommen. Als sie es schließlich bis zum Jachthafen geschafft hatten, fielen sie aufs Deck und japsten nach Luft.

Mittenzwei drückte hektisch am Handy herum und erreichte nach mehreren Fehlversuchen den Bootswerftmeister, der sich, was einem Wunder glich, hier an Land befand und, kaum dass er den Notruf empfangen hatte, an Bord der Havaristen kam.

Er brauchte nicht lange, um kopfschüttelnd seine Hiobsbotschaft loszuwerden: „Totalschaden, Mittenzwei, nix mehr zu machen, seid froh, dass eier Dschunk' nit Feier g'fange hot, do wärt ihr all iwwer Bord gonge un bis noch Mannem gedriwwe, wo ihr jo herkummt, ihr alde Süßwassermatrose."

So endete der große Törn von Mannheim über Straßburg nach Lyon zur Côte d'Azur, bevor er richtig begonnen hatte. Die herbeigerufene Anna-Luise holte die kleinlauten Skipper ab, die Mühe hatten, ihr Hab und Gut in dem geräumigen Geländewagen zu verstauen. Anna-Luise rührte keinen Finger, goss stattdessen über die drei Schiffbrüchigen ihren ganzen Spott aus, zu dem sie fähig war, und das war nicht wenig.

„Bloß nichts Röthinger und Wunsdorf sagen", stammelte Mittenzwei, „die ziehen uns auf bis ans Ende unserer Tage."

Die zwei Leichtmatrosen auf der Rückbank nickten zustimmend, auch Anna-Luise, die gerade temperamentvoll aufs Gaspedal drückte. Doch ob sie es ernst meinte, das wissen die Götter, denn Verschwiegenheit gehörte nicht zu ihren Stärken.

Am badischen Zipfel

Am Rhoi is Mannem zu End.
Do driwwe liggd a anneri Schdadt
Unn ä anneres Land.
Beim Negger is des annerschder.
Hinner de Brigg gehds weider,
do liggd de Neckarschdadt,
unn weider hinne de Luzeberg,
vun dem ma bis heit nit weeß,
warum er so heeßd.
Vum Luzifer däd de Nome kumme,
hod ämmol die Leiderin vun denne
ihrer Schul g'sachd,
awwer ich mään, des hod die selwer nit geglaabd.
Unn noch weider gehds, immer weider,
iwwer die Spiggel uff de Waldhof,
noch Sandhofe unn die Schänau
bis noch Blummenau unn de Scharhof,
awwer donn is Zabbe mit Mannem.
Do kummd widder ä anneres Land.
Mannem liggd hald bleed,
sozusage am badensische Zibbel.
Do beißd die Maus kään Fade ab.

Riedbahnbrücken

Dass Mannheimer Maler seit Jahrhunderten die Landschaft an Rhein und Neckar als Motiv entdeckten, ist nicht verwunderlich. Dass sich aber Rudi Baerwind (1910–1982), einer der bedeutendsten Maler, den die Rhein-Neckar-Region hervorgebracht hat, in seinem Schaffen ebenfalls von den beiden Flüssen inspirieren ließ, war nicht zwangsläufig, hat er sich doch eher mit surrealistischen und postkubistischen Arbeiten in Deutschland und darüber hinaus einen Namen gemacht.

Wer war dieser Rudi Baerwind? Er wurde am 11. Februar 1910 in Mannheim geboren und wuchs in der Oststadt auf. Nach dem Abitur 1929 studierte er in Berlin und München an den „Vereinigten Staatsschulen für freie und angewandte Kunst". Im Jahr 1932 erfolgte sein erster und prägender Aufenthalt in Paris, wo er Schüler der Akademien Ranson und Fernand Légers war.

Finanziell über Wasser hielt sich Baerwind durch Auftragsarbeiten in öffentlichen Mannheimer Gebäuden, unter anderem auch mit einem Wandbild in der Gartenstädter Herbert-Norkus-Schule, das jedoch kurz nach der Fertigstellung nach übler Hetze des Hakenkreuzbanners, einem Nazi-Kampfblatt, von grölenden Parteisoldaten zerstört wurde.

Der so gedemütigte Baerwind, gerade 26 Jahre alt, verließ Hals über Kopf seine Heimatstadt und siedelte nach Paris über, wo ihn allerdings schon drei Jahre später die Vergangenheit einholte. Mit Kriegsausbruch 1939 wurde er als „unerwünschter Ausländer" nach Bordeaux in ein Internierungslager verbracht, schließlich 1942 von den deutschen Besatzern als Soldat rekrutiert und in einem Strafbataillon an der nordrussischen Front am Wolchow ein-

„Auf dem Feld“ von Rudi Baerwind, 1933.

gesetzt. Als einer der wenigen Überlebenden seiner Einheit geriet er 1944 in russische Gefangenschaft, konnte fliehen und tauchte nach Kriegsende 1945 wieder in Mannheim auf. Fortan pendelte er zwischen Mannheim und Paris hin und her. Die Aussöhnung zwischen den ehemaligen „Erbfeinden“ Deutschland und Frankreich war ihm ein inniges Anliegen.

In seinen geräumigen Wohnateliers, zunächst in L7, später dem „Mannheimer Salon“ in L8, führte er ein offenes Haus und wurde berühmt und berüchtigt für seine wild gefeierten, nächtlichen „Symposien“. Baerwind war ein Bohemien und scherte sich wenig um die ihn umgebende anständige und teils bigotte Gesellschaft. Wenn er Geld brauchte, verkaufte er Bilder, besonders zahlreich in der Zeit vor seinem Tod im Jahre 1982, als er die vielen Rechnungen ans Mannheimer Krankenhaus zu bezahlen hatte.

Im Baerwind-Jubiläumsjahr 2010 gedachte man in unserer Stadt des 100. Geburtstages des legendären Mannheimer Malers in vielen Aktionen und Ausstellungen, allen voran in der städtischen Kunsthalle und dem Mannheimer Kunstverein. Da waren u. a. nie öffentlich gezeigte Werke aus Privatbesitz zu sehen, wie etwa die Bilder „Auf dem Feld“ von 1933, „Schiffe auf dem Rhein“ von 1950–1952 und „Riedbahnbrücken“ von 1953. Das frühe Werk zeigt die Landschaft zwischen der Neckarschleuse und dem Stadtteil Feudenheim. Auf einem Feldweg geht ein Bauer, eine Sense geschultert, in das Landschaftsbild hinein. Rechts ist der mit Pflaumenbäumen flankierte Kanaldamm zu erkennen. Das zweite Bild zeigt die wiedererrichtete Rheinbrücke vom Standort des Hauses „Oberrhein“ aus. Drüben erkennt man die Ludwigshafener Lagerhäuser und die Walzmühle.

Besonders beeindruckend ist das dritte Bild. Es zeigt das Gewirr der genieteten Stahlkonstruktion der Eisenbahn- und Fußgängerbrücke, die sich massiv und kühn über den Neckar beugt und durch ihre Bauweise an den Eiffelturm in Paris erinnert. Die beiden Motive „Feudenheimer Feld“ und „Riedbahnbrücken“ liegen nur ein, zwei Kilometer von Baerwinds Elternhaus entfernt, und es ist zu vermuten, dass ihm gerade das Mannheimer Neckarufer von Kindheit an vertraut gewesen war, sodass es geradezu zwangsläufig war, diese Motive auf die Leinwand zu bringen.

Das so beeindruckende Bild „Riedbahnbrücken“ löste beim Verfasser beim Besuch der Ausstellung im Kunstverein eine lange zurückliegende Erinnerung an eine Zeichenstunde im Lessinggymnasium im Jahre 1958 aus, also nur fünf Jahre nach der Entstehung dieses Bildes.

Eine Untersekunda, deren Väter- und Onkelgeneration das ehrwürdige Sandsteingebäude über dem Neckar noch „Lessing-Schiff“ genannt hatte, sollte in einer Freiluftaktion unter Anleitung ihres Zeichenlehrers die Riedbahnbrücken zu Papier bringen. Kurz zuvor hatten die Pennäler, alle im Flegelalter, am Unteren Luisenpark unter Anleitung von Oberstudienrat Zimmer ein besonders schönes Haus aus der Zeit der Jahrhundertwende gezeichnet und schienen nun für die neue Aufgabe „Riedbahnbrücken“ gerüstet.

„Riedbahnbrücken" von Rudi Baerwind, 1953.

Die 16-jährigen Kunstbanausen versammelten sich zum verabredeten Zeitpunkt mit ihren Rädern vor dem Schulgebäude. Doch anstatt auf ihren Lehrer zu warten, überquerten sie die OEG-Bahngleise und fuhren auf der Kastanienallee auf dem Neckardamm in Richtung Riedbahnbrücke. Irgendeiner kam dann auf die zweifelhafte Idee, dort nicht auf den Kunstpädagogen zu warten, sondern sich zuvor am steil abfallenden Neckardamm zu verstecken.

So lagen sie bäuchlings und mucksmäuschenstill am Hang und warteten auf ihren Lehrer, der auch bald mit einem „Affenzahn" an ihnen vorbeipreschte. Anstatt ihm nun nachzufahren, kehrten die unwilligen Brückenzeichner um und warteten vor dem Schulhaus auf den radelnden Meister, der erst nach einer halben Stunde erbost und nass geschwitzt zurückkehrte.

„Mit euch nicht mehr, das sag ich euch!", begrüßte er seine Kunstschüler und geleitete sie für den Rest der Doppelstunde ins angestammte Klassenzimmer. Freiluftaktionen fanden in dieser Klasse nicht mehr statt. Strafe muss sein.

Dass Rudi Baerwind von jenem Vorfall erfahren hat, ist unwahrscheinlich. Hätte er es, wäre der alte Bacchant sicher in ein laut schallendes, homerisches Gelächter ausgebrochen.

Am Neckar

Das Haus steht am Ufer. Sein Großvater hat es gebaut. 1889. Eingemeißelt in den Türsturz über dem Eingang.

Häuser werden älter als Menschen. Alt ist auch er. Viel könnte er erzählen. Hinter dem Haus liegt der Garten. Der schönste Platz auf der Welt. Ein paar Beete liegen brach. Auf den anderen blühen Akelei, Löwenmäulchen, Sonnenblumen und Wicken. Kürbisse treiben ihre Früchte.

Ein gestampfter Weg. An dessen Ende sitzt er. „Dein Lieblingsplatz!“ Wie oft hat Emma das gesagt? 100-mal? 1000-mal?

Er sitzt am Ende des Weges, schräg zum Haus, sodass er alles im Blickfeld hat, das Haus mit den Sprossenfenstern, die Blumenbeete und die Erlen am Ende des Gartens. Dort fließt er wie jeden Tag: der Neckar.

„Bu, fall mer nit nei!“, hört er Großvater rufen. Wie lange das her ist.

Der Neckar kommt von Heidelberg und Ladenburg, macht dann einen Bogen. Drüben gibt es eine fast weiße Sandbank, darüber ein Rapsfeld. Das Gelb blendet die Augen. Ganz dort hinten der Odenwald. Der Schriesheimer Steinbruch leuchtet rot.

Ein Entenpaar schwimmt dicht am Ufer. Eine Bisamratte kauert auf einem Stein und gleitet in ihr Element. Ihr schuppiger Schwanz dient als Steuerruder.

Totenstill ist es hier.

Wenn er noch einmal dort hin gehen könnte. Auf die Insel neckaraufwärts, wo er mit seinen Freunden ein Floß gebaut hat. Holz war genug herumgelegen, Seile hatten sie mitgebracht. Er hatte den langen Stock gefunden. Zum Staken. Wie lange das her war.

Er sitzt im Garten, in seiner Welt, die ihm geblieben ist. Links das Haus mit den Sprossenfenstern. Der Weg führt zu ihm, vorbei an den Beeten mit Akelei, Löwenmäulchen, Sonnenblumen und Wicken. Die Kürbisse treiben ihre Früchte. Bald kommt der Herbst.

Unter ihm: der Neckar. Am Ufer stehen Erlen. Schwarzbäume und Wassertrinker hat sie sein Großvater genannt.

Der Altneckar ist flach. Im Hochsommer schauen manchmal glatt geschliffene Felsbrocken aus dem Wasser. Dort gibt es Stromschnellen mit aufschäumender Gischt. Ganz hinten, höher gelegen, der Neckarkanal. Von den vorüberfahrenden Schiffen sieht er die Fahnen.

Halbrechts: die Neckarplatten. Und noch weiter die Silhouette von Ladenburg. Weit weg. Außerhalb seiner Welt, dem Rechteck zwischen Haus und Neckar, durchschnitten vom gestampften Weg, vorbei an den Beeten mit Akelei, Löwenmäulchen, Sonnenblumen und Wicken. Die Kürbisse treiben ihre Früchte. Bald kommt der Winter.

Dann hockt er am Fenster und schaut hinaus. Keine Akelei auf den Beeten, keine Löwenmäulchen, keine Wicken. Die Sonnenblumenkerne hat er für das Vogelhaus aufgespart. Die Vögel kommen zu bestimmten Zeiten. Sie besuchen ihn, blicken beim Fressen zu ihm hinein, wetzen die Schnäbel, plustern sich auf, grüßen ihn. Auf dem Erdboden hüpft ein Rotkehlchen und pickt auf, was herunterfällt. Es ist allein. Er hat noch niemals ein zweites gesehen.

Ist er einsam? Emma ist vor drei Jahren gestorben, liegt auf dem Seckenheimer Friedhof, südliches Ende seiner Welt. Die Grenzen sind abgesteckt. Die Autobahn im Süden. Nach Norden der Neckarkanal. Dazwischen das Haus, der Garten und der Neckar.

Ist er einsam? Nein. Die Schwiegertochter schaut nach ihm. Sie kommt zwei-, dreimal am Tag. Mittags bringt sie warmes Essen. Der Enkel kommt vorbei und geht ihm zur Hand. Nachbarn besuchen ihn und erzählen von der Welt dort draußen. Die machen Reisen nach Island, Alaska und Australien, nach Bali und Thailand. Einer war auf den Seychellen und erzählte von weißen Stränden und Palmen. „Des is a rischdisches Paradies dort!" Einer war gerade in China. Der hat ihn vorgestern besucht. Viel zu erzählen hatte er nicht. Das Einzige, was er sagte: „Karl, die stecken uns all' noch in die Dasch!"

Da sitzt er an seinem Lieblingsplatz und lächelt. Er sieht fast aus wie ein alter, weiser Chinese. Viel ist er herumgekommen in der Welt, hat für seinen Arbeitgeber Verhandlungen in allen Erdteilen geführt, Projekte in Singapur und São Paulo betreut und dort mit Emma und den Kindern gelebt. Ihm muss keiner was erzählen. Er ist auf der Erde zu Hause. Weltbürger mit Wurzeln, hier am Ufer des Neckars, wo er wieder angekommen ist. Der Kreis hat sich geschlossen. Alles ist gut.

Die Sonne steht tief im Westen und wärmt seinen Rücken. Unter ihm fließt der Neckar. Dort hinten erhebt sich das Steilufer und oben drauf steht das Seckenheimer Schloss.

Gestern war er dort mit seinem Enkel. Sie waren auch auf der Brücke, und er hat neckarabwärts geschaut, die Stromschnellen und die Inseln gesehen. Laut war es hier auf der Brücke. Laut wie an einer Rennstrecke. Da will er nicht bleiben.

Der Neckar entspringt im Schwenninger Moos, mündet in Mannheim in den Rhein, fließt in die Nordsee und dann in den Atlantik. Die Welt ist groß. Seine Welt ist klein. Eigentlich nur 300 Quadratmeter Garten, wo er von Frühling bis Herbst an jedem trockenen Tag sitzt, am Ende des gestampften Weges durch die Beete mit

Akelei, Löwenmäulchen, Sonnenblumen und Wicken. Die Kürbisse sind reif.

Er schaut zum Neckar. „Bu, fall mer nit in de Negger!“ Dort hinten steht der Großvater und droht mit dem Finger. Eines Tages war er dann doch reingefallen, und der Großvater hatte ihn rausgezogen. Patschnass war er geworden. Viel Neckarwasser geschluckt. War er bestraft worden. Nein, nein. Das war nicht geschehen.

Dann eine helle Stimme: „Es ist Zeit zum Reingehen!“

Die Schwiegertochter kommt. Sie streicht ihm mit dem Handrücken über die Wange, löst die Feststellbremse des Rollstuhls und schiebt ihn ins Haus. Der Tisch ist gedeckt. „En gude!“, sagt die Schwiegertochter, die Traudel, und Karl sagt: „Danke!“

Draußen ist es schon dämmrig, hier drinnen aber hell. Draußen schimpft eine Amsel beim Auswählen eines Schlafplatzes. Den wird er auch bald aufsuchen.

Der Tag ist zu Ende. Morgen folgt ein neuer. Leichter Wind kommt auf. Der Mond zaubert zitternde Gebilde auf die Wasserfläche. Die Mauern stehen und schützen vor der Nacht. In Schränken stapeln sich die Erinnerungen.

Weitere Bücher über Mannheim

Helmut Fiedler
Aufgewachsen in Mannheim in den 40er und 50er Jahren
64 Seiten mit zahlreichen Fotos
ISBN 978-3-8313-1881-0

Margot Dreier
Aufgewachsen in Mannheim in den 60er und 70er Jahren
64 Seiten mit zahlreichen Fotos
ISBN 978-3-8313-1882-7

Helmut Fiedler und Thomas Tröste
Mannheim – Liebeswerte Stadt im Quadrat
64 Seiten mit zahlreichen Fotos
ISBN 978-3-8313-1948-0

Helmut Fiedler
Tod auf der Maulbeerinsel – Ein Mannheim-Krimi
240 Seiten, kartoniert
ISBN 978-3-8313-2054-7

Helmut Fiedler
Mannheimer Blues – Ein Mannheim-Krimi
280 Seiten, broschiert
ISBN 978-3-8313-2352-4

Helmut Fiedler
Mensch Mannem! Geschichten u Anekdoten aus dem alten Mann
80 Seiten mit zahlreichen Fotos
ISBN 978-3-8313-1638-4

Wartberg Verlag GmbH & Co. KG
Im Wiesental 1 | 34281 Gudensberg
www.wartberg-verlag.de

Bücher für Deutschlands Städte und Regi
Tel. 0 56 03-93 05 0 | Fax 0 56 03-93 05 2
www.kindheitundjugend.de